这样做孩子就会爱学习

【韩】金铉洙 著　薛舟 徐丽红 译

四川文艺出版社

果麦文化　出品

目 录

唤醒孩子与生俱来的学习力

除了少数先天就患有轻度脑障碍的孩子之外，没有哪个孩子天生不会学习。可惜的是，在现实中，很多孩子却因为不良的教育方式和环境逐渐丧失了对学习的兴趣。

关于孩子疏远学习的原因，教育家约翰·霍尔特[1]和心理学家霍华德·加德纳[2]等学者已经从理论和实践中总结出了答案。孩子没能充分发挥与生俱来的学习本能，越来越排斥学习，是**因为孩子们在学习方面受到了创伤。失去学习兴趣只是结果，而不是原因。**

我之所以要写这本书，是为了帮助那些我在心理咨询室里经常遇到的，因为学习成绩不好而难过的孩子们。同时，也是为了帮助那些因为孩子学习不好而痛惜和焦虑的父母和老师们。

1　约翰·霍尔特（John Holt，1923—1985）：美国教育家、作家，倡导顺应儿童天性的教育方法，毕生致力于关注和分析儿童的自然学习行为。著有《儿童的学习方式》《学习像呼吸一样自然》等作品。

2　霍华德·加德纳（Howard Gardner）：美国著名教育心理学家，"多元智能理论"之父。现任美国哈佛大学教育学教授，波士顿大学医学院精神病学教授。《纽约时报》称他为美国当今最有影响力的发展心理学家和教育学家。

没有哪个孩子想故意表现得糟糕，也没有哪个孩子下定决心什么也不学。他们只是因为种种原因没有做好，而且也只是暂时没有做好罢了。只要给他们更多的机会和更好的契机，迟早有一天他们能够做到。所以不要训斥孩子，而是要帮助他们，具体而有效地帮助他们。

我想做的就是要帮助那些想要努力却找不到方向的孩子，那些想要放弃梦想的孩子。对于这些在学习上很少获得"成功"和"称赞"的孩子，我想在他们现有的学习框架中给予一些切实有效的帮助。

作为一名经常接触青少年的精神科医生，我经常会和家长们讨论"学习不好"这个话题。

面对学习困难的孩子，家长常常伴随着焦虑和困惑的情绪。

有人说，人品固然重要，但是学习成绩不好的话，也很难得到社会的认可，就算为了基本的升学，也不能不重视学习。也有人真的会担心，孩子如果学习不好，未来的生活问题。还有人说，学习是安身立命的必要资本，这方面落后了，所有的方面都会落后，所以支持孩子学习就是对孩子最大的帮助。

家长们总是无法理解孩子为什么对学习不感兴趣，他们没有感知到这些不爱学习的孩子内心的煎熬和苦闷。面对不愿学习、成绩落后的孩子，家长们着急、焦虑，却不知道怎样帮助和引导。

如何应对那些回避学习或想学却学不好的孩子，老师和家长们常年如一日地努力寻找方法。"学神"之类的书不知道出版了多少，读了多少，"学习技巧""学神""某某某的学习法"，恐怕每个人至少拥有一本类似的书。

无论是这些书，还是家长、老师的观点，全都是从优秀学生或成功人士的观点出发的。几乎没有哪本书是为那些不爱学习的孩子而写。所以我决定，以不爱学习为主题，站在孩子们的立场上，为他们发声。

在学习方面感到困难的孩子，他们会是怎样的心情呢？

每个孩子不爱学习的原因各不相同，根据心理咨询的经验，有的孩子是因为父母的期待过高，有的孩子是因为学校或老师的原因，还有的孩子是因为除了学习成绩，其他方面的一切努力都得不到认可，于是主观上放弃了努力。

大致说来，孩子们之所以不爱学习，并不是因为讨厌学习本身，而是因为他们在学习的过程中受到了心理上的创伤——那些在他们身上本不该有的自卑、痛苦，以及自信和自尊的不足。他们放弃学习只是为了不再继续受伤。

学习是人类的自然本能之一，孩子在本该学习的年龄对学习失去兴趣，从而放弃学习，非常令人痛心。无论是老师，还是家长，一定要留意这个事实：当孩子说出讨厌学习，不愿努力的时候，常常放弃的并不只是学习，**背后还藏着更深层的含**

义——**放弃自己，放弃人生**。因此，当孩子想要放弃学习，我们应该警觉，并帮助他们，绝不能让孩子放弃在人生当中为了学会生存而付出努力和辛苦。

我有一个心愿，那就是希望孩子们治愈内心的创伤，做自己想做的事，学习人生中需要的东西，一步步向前。

不论从何种意义上说，进步、希望，通过学习去追求梦想，这些都是人类的本能，也是所有儿童和青少年的根本课题。可以说，每个孩子天生就会学习。我们需要去做的，就是保护好孩子天生的学习力，避免在无意中对它造成伤害。

我决定去理解那些因为在学习过程中受到创伤而失去兴趣的孩子，从心理学专业的角度，寻找帮助他们的方法。我希望读者们可以认识到，这本书的目的不单纯只为了提高孩子的成绩，而是努力帮助孩子唤醒与生俱来的本能，恢复对学习的兴趣，让每个孩子都能体会小小的成功。

第一章

孩子为什么不爱学习

01
学习兴趣需要守护

游戏是学习兴趣的开端

我把孩子因为学习而受到的心理创伤称作"学习创伤"。大人口中的"学习"，让孩子受了很多伤害，最终导致孩子们认为"我学习不好""我讨厌学习"。孩子的想法是"学习本来不是我的事，却来伤害我"或者"学习带给我痛苦"。本来孩子的内心深处都藏着学习的本能，然而在试图增强这种本能的环境中，孩子没能受到自然的引导，而是遭到强迫，极不自然地承受了来自外界的压力，导致内在的本能发挥不出来，这就是受到学习创伤的结果。

家长和老师认为学习是理所当然的事，然而当孩子觉得这件事不那么自然的时候，就会成为创伤。

让孩子别玩了，快去学习。这个说法是矛盾的。对孩子来说，玩就是学习。这就相当于让孩子停止自己想要的学习，转而开始父母要求的学习。在这里，孩子的本性受到了压制。

《夏山学校》的作者亚历山大·萨瑟兰·尼尔[1]多次强调，"停止了建立在孩子的自由本性基础上的游戏，学习就无法正常进行"。让孩子停止玩耍，强迫孩子按照父母的要求去学习，孩子就开始受学习的伤了。学习不再是"我"的事情，而是变成了"家长"的事情。家长没有自然地去扩展孩子的游戏，却成为游戏和想象的中断者，结果就是在无意中破坏了藏在游戏中的学习要素。

能够刺激孩子学习本能的不是"别玩了"，而是问孩子："你在玩什么？是什么游戏？通过这个游戏，你想到了什么？你想象到了什么？"如果把玩耍变成令人惭愧的事情，那么孩子就会把玩耍和学习彻底分离开来，通过"有趣的玩耍"和"无趣的学习"这种两分法的思考方式，朝着偷偷做有趣事情的方向发展。

学习创伤开始于童年时家长对待玩耍的态度。

《梦想社会》的作者罗尔夫·詹森[2]说，"现代社会需要的是不分游戏和工作，都能乐在其中的人才"，而受到学习创伤的

1　亚历山大·萨瑟兰·尼尔 (Alexander Sutherland Neil,1883—1973)：20 世纪英国著名的教育家、儿童心理学家，"自由教育思想"杰出代表。他创办了夏山学校，以爱和自由为宗旨，培养具有健全人格和自由的儿童。

2　罗尔夫·詹森：丹麦哥本哈根未来研究院院长，世界著名未来学家。著有《梦想社会》。

孩子却把玩耍和工作完全对立起来看待。

孩子在家里最讨厌听到的话就是"别玩了,去学习"。大部分孩子把学习和玩耍看成是两个对立的概念。这种背景形成了"不学习 = 玩耍"的认识。

根据塞勒斯坦·弗雷内[1]的教育理念,学习和游戏不可分割。对于年纪小的孩子,游戏本身也是学习。然而我们却把学习和游戏说得像是敌对关系,孩子们在"我什么都做不好"的观念里失去了自信。被迫去学不想学的东西,持续受到压力,随着年纪增长,学习很可能转变为创伤。学习不是有趣而愉快的游戏的延续,而是子女为了父母而不得不做的事情。这样就把学习变成了他人的要求,而不是自己对知识的渴望。

这一连串反应带给孩子持续的创伤,而年龄小的孩子力量柔弱,无法抵抗,只能顺从。随着年龄的增长,有了力量,他们就开始本能地抗拒。因为站在孩子的立场上,不可能在持续受伤的状态下忍受痛苦。如果早早有了力量,抗拒的时期也会提前,否则就会稍晚出现。以前总是要听父母的话,听老师的话,到了高年级才会出现放弃学习的倾向,但是现在放弃学习的年龄逐渐提前。小学四五年级放弃学习的孩子最多,还有很

1　塞勒斯坦·弗雷内(Célestin Freinet,1896—1966):法国著名教育家,主张实验探索、协作生活和自由表达三大教学原则。

多在这之前就放弃了，只是没有表现出来罢了。

很多父母对子女学习未能提供具体的帮助，是因为相信辅导班或家教的能力，其实并不是这样的。"辅导班会有办法"，"家教可以解决"，这是非常危险的想法，在某种程度上说甚至是逃避责任。无论是辅导班，还是家教，他们都绝对无法缓解孩子因学习创伤而遭受的痛苦。以数学为例，反复解答高难度习题的过程会让一些孩子产生严重的挫败感，对于这些孩子来说，辅导班反而加重了学习创伤。

别让"高期待"造成"低成就"

身为父母，都对孩子怀有很高的期待，但实际上，孩子为了迎合这种期待也承受了很大的压力。尤其在东亚地区的文化氛围中，孩子从上幼儿园和同龄人相处开始，相互比较的评价方式就产生了。"某某做得很棒，你为什么不行……""你得学这个""你要做那个""你可以更好""你不行"，这样的话孩子从小到大不知听过多少。

被学习所伤的孩子，最讨厌的就是这种"比较模式"。

除了同龄人之间的"比较模式"，父母和孩子、老师和学生之间的"高期待与低成就"模式也在不断反复，彼此折磨。

如果家长或老师希望帮助不爱学习的孩子，首先最好不要为他们制订过于宏伟的目标。目标越大，期待越高，出现偏差和失败的概率也就越大。

要帮助孩子提高学习成绩，父母和老师不能只是单方面强迫孩子学习，首先需要和孩子讨论学习上受到的创伤。问问孩子为什么讨厌学习，听听原因，安抚孩子的伤痛，一起寻找方法。

如果问孩子为什么讨厌学习，他们会说出很多理由。就是不喜欢、没意思、想学可是不知道该怎么学、遇到困难时没有人帮忙、脑子笨、讨厌老师、老师教得不好、听课太难听不懂、学习环境不好、难解的单元没学会不想学了，等等。

从学习动机来看，世界上不存在学不好的孩子，只有不想学的孩子。再看学习速度，有的孩子学得快，有的孩子可能学得慢些，仅此而已。从接受能力来看，有的孩子只需要简单的方法（听老师的话），而有的孩子需要通过复杂多样的方法才能吸收。

如果看学习的经验，那么有的孩子基础牢固，有的孩子还有需要加强的地方。从技术层面来说，有的孩子能够找到适合自己的学习技巧，而有的孩子却找不到。有的孩子得到家长适当的关注和奖励，或者通过自我鼓励、自我赞美就能克服，而有的孩子必须从外界获得关注和奖励才能做好。

有的孩子常常遇到阻碍，有的孩子就很少遇到；有的孩子需要别人教，才能转化成自己的东西，而有的优秀孩子只需要稍微知道方法，自己就可以去开拓；有的孩子从不担心学习成绩和评价，有的孩子却很害怕。

千差万别的孩子构成了集合体，**我们的任务则是帮助孩子选好适合他们的最好方法**。这条路漫长而艰辛，然而作为老师和家长，我们应该承担这样的责任和使命。

如果这些过程都没有完成，孩子只是受训斥、被比较、付出的努力遭到贬低，那就会做出不愿再学习的决定。不想做，做了也得不到认可，只会越来越尴尬，这样的事情谁会继续下去？于是，孩子在心里决定不要学习，然后断定自己讨厌学习。当孩子说出"讨厌学习"的时候，事实上已经遇到了太多的挫折。

02
"学不好" 是因为没兴趣

今天，我又批评了没写作业的孩子。心里很郁闷，为什么每天都这样。看到经常不写作业的孩子，我就忍不住生气。有时我会突然感到疑惑：他们是因为不想写作业而不做，还是因为不会做而不写呢？

有时我会怀疑某个孩子是不是真的存在学习障碍。做同样的作业，有的孩子明明很努力，结果却是一塌糊涂；有的孩子写作业很敷衍，但如果提问，他却能对答如流。到底什么才算"学习不好"呢？

——摘自教师的日记

"学不好"大多是情绪问题

所谓"学习不好"，指的是"没有特定障碍或疾病，明明有能力，却没能取得被社会认可的、符合期待的好成绩"。

学习不好常常与学习障碍混为一谈。尤其是近来，这种情况愈演愈烈。学习障碍被看作脑功能障碍，意味着阅读障碍、书写障碍、计算障碍或其他的障碍。障碍多发于阅读领域，其次是书写和计算。被认定为有学习障碍的孩子，需要通过其他途径获得治疗和支持。

事实上，对于不存在学习障碍的孩子，我个人认为最好不要过多使用"学习不好"这个说法。我更加倾向于**"帮助情绪上有困难的孩子学习"**这一概念。我建议以后多采用"努力中的学习者"，借以理解这些学习成绩不够理想的儿童。

不是"差生"，是"努力中的学习者"

在谈到孩子学习成绩不佳时，家长和老师首先需要判断，有没有对他们抱有偏见，把他们看作是"差生"或"不努力"的孩子。大部分父母和老师会认为学习不好的孩子比较懒散、爱玩、头脑不够聪明。如果用这样的视角去看这些孩子，那就会觉得没必要尊重他们，他们受到蔑视也是理所当然的。他们不光学习不好，也是不努力学习的孩子。

不可否认，智力低下、懒惰的孩子的确存在，然而那只是极少数，大多数孩子不是这样的。孩子对别人的眼光非常敏感，即使嘴上不说，也能直觉地感到自己受了怎样的待遇。如果用这样的观点看待他们，这些孩子基本上就没有了立足之地。

站在孩子的角度，知道别人用那种眼光看自己，自己会是怎样的感受。他们想要辩解，"也许我看上去很懒，其实我也是有原因的。也许我看上去只喜欢玩，其实并不完全是这样"。我想拜托各位家长和老师，不要再用那种眼光和情绪去面对孩子。只有这样，孩子才能改变。

我想再次强调，学习不好是因为孩子"在情绪上有困难而不愿学习"。不愿学习归根结底是因为"在学习上受到过创伤"。

有的孩子因为不适应而不学习，因为不学习而学不好。每个人都有自己的原因。学习不好的评价重复多了，渐渐地，孩子就更不学习了。我们应该转换视角，从"学不好"变为"不肯学"，用这样的视角去看孩子。要想有效地帮助学习不好的学生，怎样看待他们就是个很重要的问题。我们需要从基本观点开始改变。

小贴士：

马卡斯和曼德尔博士关于成绩不佳的分类、特征和指导方针

被评价为学习不好的孩子大致可分为两类，一类是因为不喜欢学习放弃努力，另一类是虽然努力，却没有什么成效。后者大多在学校生活中脚踏实地，然而成绩却没有提升。

针对学习困难的理论研究，最著名的是心理学家马卡斯和曼德尔[1]的理论。通过对理论和美国教育实际状态的调查，他们将学习不好的孩子分为六个类型。

---

1 马卡斯（Sander I.Marcus），美国芝加哥执业临床心理学家。曼德尔（Harvey P. Mandel），加拿大多伦多执业临床心理学家，约克大学心理学教授，学习困难领域心理学权威。二人曾合著《可以更好——孩子成绩不佳的原因及解决办法》。

马卡斯和曼德尔博士关于成绩不佳的六大类型

不安型	经常紧张，不愿在人前讲话 过分执着于好的表现
懒散型	懒惰 在学校或家里，经常忘记做作业和该做的事 不努力，喜欢找借口 高估自己的成绩 赏罚没有效果 不关心自己的未来 虎头蛇尾
追求认同型	沉浸于自己的思绪里，情绪多变 固执己见，在意别人的看法
反社会型	经常说谎 考试作弊
忧郁型	经常疲惫，想休息 无力，忧郁
叛逆型	容易发火 试图挑战大人的权威 无视他人 不同于反社会类型，不会做出不良行为

马卡斯和曼德尔博士关于成绩不佳类型的指导要领

不安型	经常走神，学习不专心，对他人的评价和眼光反应敏感。需要导师管理，对于思考和行动进行单独区分训练。
懒散型	在日常中，需要有针对性地帮助孩子进行生活管理，帮助孩子逐渐改变既有的思考方式，并且赋予其意义。
追求认同型	需要得到导师更多帮助的类型。需要经常开导，帮助孩子在复杂的思绪和现实之间保持平衡。
反社会型	考试会作弊，偶尔也会偷东西，但是还达不到人格障碍的程度。他们只是有点多动倾向，评价和人际关系对他们来说至关重要。他们需要缓慢的、渐进式的改善，需要导师从人生长远性着眼，并用乐观心态进行指导，教育他们不要在现实中惹出事端。
忧郁型	最可行的方法是逐渐改善负面、悲观的思考方式。帮助孩子，减少现实生活对孩子产生的影响，改变"我努力也没有用"的想法。
叛逆型	重点是积极的态度。不要批评，让孩子接受事实，专注于自身。如果用粗暴的态度责怪孩子，则会产生相反的效果，尽量正面对待。不要把时间浪费在批评其他方面，只要建议孩子为自己投入时间就好。

03
提高孩子学习兴趣的关键

　　据说父母和孩子之间的交流也会影响到孩子的学习成绩。家庭环境不同，孩子的学习体验、学习态度也各有不同。

　　亲子交流和家庭环境的差异真的会对孩子的学习产生重大影响吗？

　　我经常和孩子一起看电视，一个月都读不完一本书，这样的生活态度会对孩子产生不良影响吗？

　　　　　　　　　　　　　　　　　　——摘自父母的日记

学习经验和模式的改变

一位在中学教科学的老师告诉我说，班上大部分孩子都不喜欢科学这门课。上课不专心，说说笑笑，或者课上做别的事情，问他们为什么这样，他们回答说"这门课没意思"。哪门学科有意思呢？他们说体育课有意思。怎样才能让课堂变得有趣呢？他说自己很是苦恼。

"对于觉得没意思而学习不好的孩子，应该怎样调动他们的兴趣呢？""孩子不感兴趣，有没有必要强迫孩子学习呢？"每位家长和教师都有过这样的烦恼。

孩子最经常说的话就是"没意思"，学习没意思意味着提不起兴趣，不知道学习有什么用。这样一来，学校真的变成了不想去的地方。孩子说"没意思"，应该引起大人的注意，因为这句话里包含着太多的意义。

从动机或方法的角度来说，如果家庭环境未能调动孩子对科学知识的兴趣，孩子就可能因为陌生而失去兴趣。近来，很多孩子掌握了该年龄段不该有的丰富科学常识，这样的孩子和老师之间会产生互动。但是，如果孩子的课堂参与度不够或者没有互动，就会觉得"我什么都不懂"，从而提不起兴趣。

从环境角度看也是这样。童年时代的日常生活中存在着很多激发科学兴趣的要素。专业书籍、学习用品、漫画书应有尽有，有的孩子还参加过科学夏令营，参观过国外的科学博物馆。读书、夏令营、博物馆，这些活动既让孩子积累了科学知识，也使他们具备了足以和老师互动的基础。

但有的孩子压根没有基础知识，也没有这样的体验机会，或者不知道这些知识以后有什么用，对学习方法不满意，或者讨厌老师的授课方式，而所有这些含义都被一句"没意思"代替了。

孩子从学习动机层面受到的创伤大部分来自关系问题，从学习方法上受到的创伤大多与老师、家长有关，所以有必要反省老师的授课方法是不是孩子想要的，家长在教育孩子的时候有没有充分考虑孩子的水平和实际情况。

孩子过往的学习经验，往往和有没有接受课外辅导相关。一般来说，家长相信只要把孩子送到辅导班，孩子就能学习好，然而很多孩子不是这样。有的辅导班利用孩子和家长的焦虑，反而加重了孩子的"不爱学习"。

指导不爱学习的孩子，还要考虑孩子的学习模式，是参加辅导班还是独立学习，是不是需要老师单独指导。有的孩子只在学校里学习，但有的孩子在课外教育中才能投入学习；有的孩子既在学校学习，也会参加课外辅导，需要家长根据不同科目的实际情况做出选择。

沟通模式的改变

很多研究结果显示，父母与孩子之间的沟通方式会导致孩子学习上的差异。

比如在一些家庭，父母与孩子的交流多以指示和服从的形态为主，像"快去学习！""你要学到几点？"还会因为孩子不学习而训斥。孩子在学习上得不到有效的帮助，又拗不过父母的强迫。

会沟通的父母则常说："你想想办法，怎么才能学习好呢？""爸爸妈妈可以帮你什么吗？"在这种家庭长大的孩子，才会具备战略思考和省察的能力，习惯性地思考计划和方法，也能得到更多的支持。

如果父母和老师用强硬的方式对待孩子，"在我回来之前把这些都背会，背不会就要挨罚"，那么孩子是绝对不会进步的。而多说"找找学习好的办法""具体哪个部分不会？""我在网上问一下，你去别的地方查一查"，这样一边沟通，一边寻找切实有效的方法，才能真正地帮助孩子学习。

亲子关系的改变

孩子与父母，尤其是与妈妈之间建立起怎样的依恋关系，会直接影响孩子的学业。通常来说，不爱学习的孩子大多与妈妈之间没能形成稳定的依恋关系，不可避免地出现了学习问题。尤其是学习时主要使用的记忆方法与其他孩子不同。

记忆包括语义记忆和情景记忆。边学习边储存的是语义记忆，边听人说边储存的是情景记忆。有的孩子看书学习效果不好，可是能记住老师讲课的内容，这就是擅长情景记忆的表现。像这样的孩子，最好是把学习内容转换成事件来教他们。

妈妈平时不陪孩子玩耍，只会发牢骚让孩子学习，或者孩子看书、学习时抗拒妈妈在身边，这样的孩子属于回避型依恋关系。尽管属于不稳定的依恋关系，然而在该类型孩子中间，因语义记忆发达而学习很好的并不在少数。

在不稳定依恋关系中，矛盾型依恋是指妈妈情绪不稳定，喜怒多变。如果妈妈心情好，自然和孩子关系亲密，心情不好则很少交流，于是不稳定依恋关系就固定下来。当然也有人会说，人不都是这样吗？不过，作为父母，即使自己心情不好，也要努力为孩子做好该做的事。如果父母是被感情左右的情绪派，那么孩子就会把过多精力消耗在察言观色上面。这样成长起来的孩子情景记忆发达，清楚地记得自己经历过的事情，而读过写过的东西却无法储存在记忆里。孩子也会随着心情走，高兴了就好好学习，心情不好就学不进去。

如果孩子已经形成了不稳定依恋关系，那就需要一步步改变。单方面强迫孩子通过读写学习，这样做并不可取，最好是围绕情景和事件讲故事，引导孩子逐渐使用语义记忆。

根据依恋类型使用不同的记忆方法，同时也要改变学习方法。回避型依恋关系的孩子占 10% ~ 15%，特点是安静，性格内向，试图远离老师。

矛盾型依恋类型的孩子吵闹而鲁莽，经常找老师，察言观色，尝试交流，如果达不到目的就到处说老师讨厌自己，给老师造成麻烦了再来道歉。这样的孩子只有通过事件、情景的方式学习，才能更好地记忆。如果按照起承转合的顺序进行系统教学，他们反而很难记忆。

不爱学习的孩子最不擅长的就是读读写写这种系统而一贯式的上课方式。在家和父母形成稳定的依恋关系，采用适合孩子学习风格的多样教育方法，这才是解决问题的关键。

三步让孩子爱上学习

鲁比·佩恩认为，要想让孩子摆脱不爱学习的状态，就要满足下面三个必要条件：

第一，学习规则，学会沟通。

第二，和书交朋友。

第三，制订计划，管理时间。

这就是摆脱不爱学习的状态的基本方针。

首先要和孩子充分沟通，谈谈孩子的喜好和问题，一起讨论怎么才能摆脱不爱学习的状态。家长可以和孩子一起商量讨论出合理的计划（一两个计划即可），写在笔记本上，并督促孩子认真执行；也可以运用单词本，督促孩子记下每天新学的单词。制订计划或遵守规则本身就已经是学习了。

对孩子的表现做出评价的时候，如果设定一个学期作为时间跨度，十有八九会失败。最开始的时候，最好以天为单位，每天回顾对计划的执行情况，再逐渐延长到一周。一周内如果能完成一半就算成功，家长就要给予孩子掌声和鼓励。制定目标并评价的时候，应该缩短周期。如果以月为单位，那么失败的概率就会很高，失败之后孩子就不愿再继续了。**用成功刺激孩子，这点非常重要，一定要想方设法引导孩子获得成功。小小的成功积累下来，自尊心才能萌芽，才能产生学习的欲望。**

尤其不要把孩子和其他孩子做比较，否则所有的努力都可能成为泡影，切记切记！一旦启动比较模式，孩子会瞬间崩溃。想到自己被刻意对待，跟别人的成绩有那么大的差距，孩子会感到窒息，从而放弃。如果非要比较，那也只限于用孩子的过去和现在做比较。"某某进步了，你就不行吗？""某某脱离了差生行列，你想永远留下来吗？"这样的比较只会再次把孩子关进竞争的牢笼，令孩子厌烦学习。**千万不要和别的孩子比较。**

小贴士：

让孩子爱上学习：关掉电视去读书！

　　怎样才能让孩子爱上学习？"关掉电视去读书。"把书放到孩子手中，这是决定孩子终身的大事。孩子爱上读书是革命性的事件。常常与书相伴，就等于一生有导师相随。能否让孩子爱上学习，取决于对书的态度是否发生变化。大家不妨想一想，读书千册的孩子和看剧千部的孩子，他们的想象力和语言感觉会有怎样的差异？孩子三岁以后，就可以开始读书了，先是父母读给孩子听。"大人给孩子最伟大的礼物就是为孩子读书"，请记住这个事实，通过读书给孩子树立榜样。

小贴士：

假聪明父母综合征

　　我从前来咨询的妈妈们身上发现了某些共同点，进而得出这个结论："假聪明父母综合征"。假聪明的父母具有如下特征：

　　第一，情绪比较冷漠。

　　第二，道德上无可指摘，所以爱唠叨。

　　第三，重视面子和别人的印象。

　　第四，自己竭尽全力，相信自己为子女付出很多。

　　第五，子女讨厌这样的妈妈（爸爸）。

　　你是假聪明型的父母吗？如果是，请尽快改变。温暖的父母、宽容的父母、不把子女当成比较对象的父母、不唠叨的父母、真正喜欢孩子本身的父母、懂得反省自己的父母……尽管不容易，然而我们还是要努力成为这样的父母。

第二章

这样才能帮助
不爱学习的孩子

01
倾听孩子的内心

如何问孩子才愿说

如果孩子开始讨厌学习，那就说明他们的心里已经萌生出了挫败感。他们担心自己考不到期待中的成绩，进而让父母失望，得不到父母的爱。当然，最大的问题还是担心失败的不安感，这会给孩子造成巨大的痛苦。

和孩子争论是否努力，是否懒惰，这是毫无意义的，家长应该陪孩子找到学习和思考的契机，这样才更有意义。

"从什么时候开始感觉到学习有困难的？"这样的询问很重要。孩子可能会回答"小学"或"初中"。也有孩子可能会说，我从出生就不适合学习。这种孩子用宿命论看待学习，他们身边应该有大人对他注入了类似的思考方式。"命中注定有人适合学习，有人不适合学习"，孩子可能从小听着这样的话长大。

对于高年级的孩子，我们可以问得更具体些：你讨厌的是什么？为什么讨厌？因为什么事？在什么地方？因为和什么人的关系？初中还是高中？学校还是家里？因为什么人？有的孩子会回答是因为人（妈妈或者老师），有的孩子会说是因为成绩下降，还有的孩子是因为某个科目。

询问的时候具体提问，肯定孩子的回答，中间不要插嘴，不要批评。听完之后，再问问孩子今后打算怎么做，让孩子重新思考。了解孩子在家、在学校、在课外辅导机构的人际关系之后，才会知道应该怎样帮助孩子。

听孩子倾诉的时候，最重要的不是批评孩子学习不好，而是表达自己想要帮助孩子的心情。让受惯了批评的孩子感觉到原来还有不训人的沟通方式，这才是核心所在。高年级的孩子积累了更多遭人背叛的经历，不愿意坦率说出心事，我们要用肯定的态度靠近孩子，让孩子放心，觉得自己实话实说也不会受到伤害。

凡是受过学习创伤的孩子，通常是不假思索就说讨厌学习的莽撞型。有的孩子甚至不愿思考原因，也不喜欢别人询问。他们认为自己学习不好的原因并不重要，只知道自己讨厌学习，讨厌老师。听孩子倾诉的时候，要具体询问为什么感到困难，为他们提供思考的契机，这样可以缓解他们对学习的厌恶情绪。

专家们强调，要想帮助不爱学习的孩子，就要教会他们学习方法、学习方式和方向。如果幼儿园的孩子说"我讨厌做这个"，那也应该引起注意。

如果孩子提及自己自尊心受伤、委屈而难过的经历、失败和狼狈的记忆，我们要静静地倾听。尤其是现在的孩子，遇到了棘手或新模式的问题，因为解决不了而感到狼狈，这样的情形要比过去多得多。在善于比较的环境里，如果反复经历这种事情，那就会觉得自己无能，从而产生挫败感。我们在倾听的时候，一定要了解孩子所处的环境和学习水平。

粉碎孩子心中"我不行"的偏见

大人常常以为孩子不学习就会很轻松，其实并不是这样的。孩子也不是没有想法，只是不会表达，或者刻意隐藏而已。作为父母，千万不要嘲笑、挖苦或不分青红皂白责骂学习不好的孩子。否则孩子会讨厌大人，而这种讨厌会妨碍大人走近孩子。

大人首先要理解孩子的情况。从理解出发，获悉孩子内心的想法，不要责骂，尽可能让正在经受学习创伤的孩子少些自责。这也是讨论学习创伤的出发点。

你能敏感地捕捉孩子发生的变化，慎重地对待孩子吗？你能不责骂孩子，慢慢观察孩子吗？如果可以做到，那就可以为孩子提供巨大的帮助。

学习理论家梅尔·莱文建议，首先要了解孩子的"学习观点"，了解孩子怎样看待学习。

梅尔·莱文认为，学习创伤咨询的第一阶段是破除刻板印象（demystification）。首先纠正孩子对自己的过低评价或错误认识，打破"我什么都不行""我一件事也做不好""我和学习八字不合"之类的误解；然后一起寻找孩子的优点，理解孩子的不足之处，改变孩子对不足的看法；最后培养孩子的乐观态度，与孩子建立合作关系，在专家的帮助下，让孩子恢复信心。

梅尔·莱文让孩子爱上学习的六个步骤

①破除刻板印象

②寻找优点

③理解不足，改变观点，寻找原因

④培养乐观态度

⑤形成和维持合作关系

⑥寻求专业性帮助

基于梅尔·莱文的观点，我又创造了十步法，并且开始使用。第一步当然是"倾听学习创伤"。

金铉洙让孩子爱上学习的十个步骤

①倾听学习创伤

②一起分析学习创伤的原因

③从趣事中间挑选可以更加努力、做得更好的事情

④学会在有限时间内完成学习任务

⑤学会称赞自己

⑥设置目标，学习管理时间

⑦与学习和解

⑧逐渐挑战不感兴趣的事情

⑨寻找自己的梦想

⑩逐步提高

　　面对学业困难的孩子，沟通时最好不要先提问题。美国青少年心理咨询师罗恩·塔菲尔（Ron Tafel）说，如果沟通以问题为中心和导向（problem-oriented），那就会降低孩子的参与度。首先问孩子什么事让他开心、幸福，什么事比较有趣，然后再问他有什么苦恼。也就是先问孩子感兴趣的事情，再讨论烦恼，在兴趣指向（interest-oriented）的沟通中发现困难。

　　当沟通进入后半部分的时候，可以问问孩子："学习有困难吗？"如果孩子说"有困难，我学不好"，或者"我讨厌学习"，这个瞬间非常重要。老师或父母应该努力减少孩子的负面情绪。"你说的学不好的标准是什么？""你真的认为自己做不好吗？""你说的做不好指的是什么？"

　　不少孩子会回答："妈妈说我又笨又懒，是个让人失望的孩子。"这时可以继续问孩子："真的吗？有什么事让妈妈觉得你又笨又懒，让人失望呢？"然后和孩子一起慎重讨论下面的内容。

①从什么时候开始

　这个问题很重要，可以了解孩子远离学习的时间。

②为什么，在哪里开始

　具体询问科目和经历。

③和谁的关系导致了这个结果：

　问清出现这种结果是因为父母还是老师，或者同龄人。

　　谈论这些话题的时候，需要营造出不断肯定的氛围，"这样做是情有可原的"。自己遇到了棘手的问题，有人能包容理解，这本身就是治愈。孩子需要一个得到安慰、敞开心扉的契机。

　　面对学习创伤的孩子，先问问他们喜欢什么，这会让他们感觉自己受到了尊重。如果先问成绩，结果百分之百会失败。可以按照"学校生活状况、喜欢什么科目、讨厌什么科目、喜欢的老师和讨厌的老师、成绩"这个顺序询问。

　　不同的孩子会喜欢不同的科目，事先了解这点很有帮助。比如，社会学老师告诉大家，社会学绝对不是死记硬背的学科，然而大部分孩子还是认为需要死记硬背，并且讨厌背诵。

　　容易对孩子造成学习创伤的典型科目依次是数学、科学、英语和体育。拿体育来说，喜欢的孩子非常喜欢，不喜欢的则深恶痛绝。数学似乎是最容易让孩子体验到失败的学科。有的孩子说特别喜欢数学老师，原因是老师长得漂亮。出人意料的是，竟然有那么多孩子讨厌音乐和美术。总之要记住一个铁的规则，务必要到最后再问成绩。

听完孩子诉说的学习苦衷，只要能够帮助孩子摆脱"我学不好"的偏见，就算成功了一半。指导不爱学习的孩子，也需要做好应对困难的准备。他们习惯了听大人说自己学习不好，受了很多创伤，面对陌生的体验，他们会反抗，会叛逆，会反复无常。这时需要充分理解孩子的心情，认真听他们倾诉。

和孩子一起建立"情绪银行"

帮助学习不好的孩子，用不了多久就会发生正面的变化。孩子对学习有了兴趣，做单词卡、背单词……

看似令人兴奋，然而没过几天，孩子又回到从前。询问原因，通常是因为爸爸说："装模作样学习呢？"朋友说："你以为自己能行吗？"孩子因而感到沮丧。

在学业指导过程中，这样的事情会反复出现，原因是"资源的缺乏"。不爱学习的孩子试图改变的时候，必不可少的就是"情绪资源"，尤其是"持久力、忍耐力、战胜责难的力量"，换而言之就是"安慰或鼓励自己的力量"。如果这种力量

<u>不足，那就会出现前面说的现象。</u>

即使别人说什么，也要坚守自己的意志。想要做到这点，需要具备抵消负面情绪或责骂的乐观情绪。这被史蒂芬·柯维[1]称为"情绪银行"。

家长和老师应该经常检查孩子的情绪银行里储存了什么。受过学习创伤的孩子，他们的旧情绪银行里充满狼狈、绝望、无助的感觉。遇到困难的时候，他们就会从旧情绪银行中提取这些情绪来用，于是又回到原来的位置。

父母或老师应该在孩子房间或教室里准备盛满新情绪的保险柜。孩子在崭新、创意、有趣的学习过程中获得新的情绪，储存起来，痛苦的时候取出来使用。如果经常从不可靠的银行里取出高利息的坏情绪，那就很容易失败。

与父母、老师共同体验、共同交流的过程中，孩子产生新的情绪。面对孩子学习过程中感受到的新情绪，父母和老师可以询问："这样是不是很好？你感觉怎么样？"孩子也会回答："很有趣，好像比以前好些了。"这时就可以告诉孩子："把你现在感受到的好情绪存起来，以后需要的时候再取出来用。"

很多老师都诉苦说孩子反复不定，一会儿学得好，一会儿又心不在焉，太难了。这是因为孩子感觉到辛苦、困难，总是从旧情绪银行里取出坏情绪的缘故。生气、挫败，"我不行，

1　史蒂芬·柯维（Stephen R. Covey, 1932—2012）：美国著名管理学大师，潜能导师。著有畅销书《高效人士的七个习惯》。

我改不了"，他们贬低自己的时候，情绪总是起伏不定。

如果只是嘴上说说，情绪银行可能无法打动孩子的心，所以有必要将它视觉化。家长或老师可以准备一个道具箱，放在孩子的房间或教室里。

让孩子转变的密码

经过倾听和理解孩子学习苦衷的过程，父母、老师还需要和孩子一起努力做一件事，借以打造转换的瞬间。如果把视角扩大到孩子生活的各个领域，我们会发现没有哪个孩子是一无是处的。霍华德·加德纳的"多元智能"在这点上非常有用。我们要拓宽让孩子发挥才能的领域，再给以关注。事实上，人类必须通过多样的领域，才能充分把握自身的本质才能。

我见过很多孩子，无论多么微不足道的小事，只要发现自己可以做好，就会很开心。从厌恶自己到喜欢自己的转变发生了，这种体验会让孩子夺目地成长。发现藏在心灵地下仓库的魔法之剑，孩子体会到变成英雄般的喜悦，从而走上改变之路。

"没有一无是处的孩子，你至少有一件擅长的事情。"这个口号具有将孩子从沉睡中唤醒的魔力。

小贴士:

告别"我不行"

《心灵鸡汤》中有一段关于葬礼的精彩描述。在小学四年级老师们举行的葬礼上，孩子们制作了一份清单，列出自认为"我不行"的所有事项，再把清单放入盒子，埋在学校后院，并在墓碑上刻下"我不行，在此长眠"的碑文。然后，老师们开始讲述"我不行"的"兄弟姐妹"，"我要做""我能行""我现在就要试一试"。

这样的活动会成为孩子们转变的契机，很有效果。如果是初中生以上的年龄段，那么运用角色扮演、剧本、木偶剧的方法也会有很大的帮助。

小贴士:

交流中绝对不能说的话

"那是因为你心态不好。"

"你基础不好，所以才这样。"

"可能是你脑子笨吧。"

"这个习惯不好。"

"感觉你不想学习啊。"

"你没有梦想。"

"是不是为不想学习找的借口？"

02
有效应对六个学习关键期

　　孩子马上就高三了，还像个小学生一样。所有时间都用来学习还不够，他却说什么梦想做歌手、当演员，把学习的事抛在脑后。有几个父母能把孩子的这种心愿当成理想来接纳呢？难道真的要大胆地挤出时间，送孩子去表演班吗？真不知道我的孩子怎么会变成这个样子。

　　　　　　　　　　　　　　　　——摘自父母的日记

　　初一第一次考试的成绩公布了。也许是这个缘故吧，教室里的气氛很压抑。有个孩子很引人注目，我找他谈话，问他为什么这么忧郁。他哽咽着说自己脑子笨，不适合学习。我该跟他说些什么才好呢？

　　　　　　　　　　　　　　　　——摘自教师的日记

孩子出现不爱学习的现象之前，肯定遇到过学习危机。这是所有应试教育国家的孩子都会出现的现象。时间点会因为人和制度的不同而略有不同，不过大多出现在学习模式发生改变的年龄段。比如，小学初入学、小学四五年级、必须努力突破的第一关——初中阶段、转变为应试模式的高中阶段，以及高考之前等。尤其是东亚的孩子，在面临高考的高中三年生活当中都将承受巨大的压力。

小学一年级

从世界范围来看，最早迎来学习危机的时期是小学入学阶段。

这是因为原先在家接受父母的照顾或在幼儿园过小规模集体生活的孩子，面临规模扩大的集体生活时容易感受到危机。

孩子进入学校这个制度框架，第一次见到正式的老师，接受系统的教育，接受与以前不同的评价。小学一年级，孩子就要和同龄人竞争，还要不断被比较，如果不能适应学校文化，那就会过早地产生"学校学习没意思"的偏见。

小学低年级之前，如果家庭气氛强调"孩子就应该玩着长大"，那么孩子会对制度、规则、纪律、集体学习感到陌生，从而难以适应学校生活。学校生活"累""讨厌""没意思"的认识随之萌芽，无法产生学习的兴趣。很多教育专家都说，小学一年级比任何时期都重要，因为该时期经历和感受到的学校印象，以及"3R（读：reading，写：writing，算：arithmetic）"的形成过程，可以预防之后可能出现的学习危机，对今后的学习和人生产生重要影响。"3R"加上"人际关系能力（relationship）"或"社会性"，被称为"4R"，也是在小学一年级到三年级之间打下的基础。

小学一年级到三年级，基础学习能力"4R"有没有形成，接受老师指导的时候有没有降低抵触感，都会对今后学习文化的形成产生决定性的影响。也就是说，**孩子是否排斥学习，能否将学习与自己同化，就决定于小学一年级。**

如果孩子刚上小学就说学习没意思，那么可以断定是家庭文化存在问题。此前由于父母不关心等原因，学习没能在孩子的文化中站稳脚跟。要为这样的孩子创造适合学习的环境，那就需要三大要素：激发好奇心，创造有趣又有创意的学校环境，给予适当的奖励，三者缺一不可。小学一到三年级这段时间，如果能帮助孩子建立对学校的积极经验，从而改变想法，那么随着基础学习能力的形成，孩子对学校的适应能力也会提高。

小学四年级

第二次学习危机发生在小学四年级。这期间，孩子和父母、老师的关系，孩子和朋友的关系，以及学习模式都会发生变化。

小学四年级之后，学习模式发生变化，需要投入更多的专注力。人际关系方面也需要更多的社会性，朋友关系也开始转变为更有意义的团体关系。从这个阶段开始，孩子会向老师或父母提出自己的意见。

小学低年级进行"4R"成就训练的孩子，从四年级开始走向理解和应用，没有"4R"基础的孩子在扩展学习范围的过程中就会遇到困难；另外，朋友关系也会发生变化，他们在低年级阶段不以成绩区分朋友，然而从这个时期开始逐渐用成绩为朋友分类了，评价变得重要，父母的态度也会随着成绩的不同而发生变化。

在低年级时，父母可以引导和帮忙，但是从四年级开始，孩子自己要做的事情越来越多，这就需要之前积累下来的"学习习惯"。学校的学习课程还不够，需要额外学习，没有经过基础训练的孩子必然会掉队。也就是说，**决定孩子未来的是坚持不懈地促进自主学习的能力**。

小学四年级也是第一个要求在自己的生活框架内自我管理

的时期，不具备基础学习能力和良好学习习惯的孩子可能面临危机。

初中一年级

初中一年级将迎来第三次学习危机，而且更加复杂。首先因为和青春期重合，孩子身体上发生变化，开始关注异性。这个时期，孩子对父母的逆反情绪开始萌芽，社会关系也变得多样。在学习方面，上课时间延长，规则更为严格，作业也增多了。

这时，孩子能否把学习转变为努力模式是关键。小学阶段，只要跟上课程进度就能完成作业，在达成学习目标方面没有太大的困难。也就是说，即使没有付出特别的努力，也不会有掉队的感觉，差不多能够满足父母的期待。成为中学生后，那就不仅需要学习习惯，还需要"努力"这种特别的力量。在初中的学习过程中，想要不付出努力就取得并维持好成绩几乎不可能。这个时期很多孩子都会对自己产生疑问："我脑子这么笨吗？也许我不是个聪明的孩子吧？"

进入初中后，孩子需要自己做出判断，需要付出多少努力才能维持期待的学习水平，或者得到想要的成绩。如果孩子意识不到努力的重要性，或者处在努力的重要性不受支持的学习环境中，孩子会认为自己能力不够，从而放弃向更难的阶段发起挑战。这也是最常见的产生学习问题的模式。

父母和老师要让孩子认识到，初中阶段学习难度加大，需要付出更多的努力，同时也要鼓励成绩下降的孩子，帮助他们克服溃败感，重新成为努力的学习者。这个阶段，有的孩子成绩暂时下降后还能恢复，也有很多孩子一旦成绩下降，就彻底自暴自弃了。排名靠前的孩子可能降到中等或中下等，原来处于中下游的孩子艰难地战胜挫败感，从而名列前茅的例子也不罕见。这就是该时期的特点。

高中一年级

高中一年级，孩子将面临第四次危机。进入高中后，气氛和初中截然不同。随着高考的临近，**孩子第一次感觉到以考试为中心的校园生活。他们不知道应该怎样应对和适应这样的环境，因而产生强烈的困惑。**

高中的学习目标和结构、学习量都会因为高考而发生变化，经常会有孩子因此放弃学习。因为高考而学习的目标变得明确，孩子会担心自己是否真的可以实现目标。如果判断无法实现，学习动机也就随之消失，从而放弃学习。高中的学习量明显增加，学习战略和技巧也变得更为重要。

因为学习不好而苦恼的高中生中间，虽然也有不学习的孩子，不过更多的是明明学习了，成绩却上不去，所以前来咨询的学生。他们认识到自己需要学习技巧和战略，而这是造成学习问题的因素。这个阶段，因为学习不好而离开校园的孩子最为常见。

高中二年级

高中二年级放弃学习，是因为要在文理分科的过程中对自己的前途做出决定，从而在心理上产生矛盾。

很多人以为，高中一年级学习很多科目，对每门科目的喜好程度各不相同，到了高中二年级，不用学习讨厌的科目，只学习自己喜欢的就可以了。然而真正做出选择之后，却出人意料的感觉不到乐趣。

这些孩子认为，即使上学也很难保障自己的前途和个性发展。不过在这个阶段离开学校的人数还是要比高一少。

高中三年级

高中的最后一次危机是高三。有人在"无论如何都要等毕业再说"的氛围中没能坚持下去，原因是追随高考脚步的过程中超出了忍耐的极限。班主任和父母都说坚持几个月就好，然而对当事人来说，由于对实现高考目标没有信心，那几个月的努力对自己并没有什么意义。

面对高三的孩子，"不干涉"就显得很重要了。高三阶段，无论是学习好、努力学习的孩子，还是学习不好或不努力的孩子，都承受着巨大的压力，都在与耐心作斗争。孩子竭尽全力地坚持，老师或父母不要过分介入和指导，而是鼓励孩子，帮助他们克服压力。这一点至关重要。

如果高三阶段成绩不好，那么很容易感觉自己像个外人。当耐心耗尽的时候，即使高中生活已经所剩无几，孩子也会想要提前离开学校。对他们而言，父母和即将拿到的毕业证都没有任何意义。

高中阶段遇到学习问题，丧失学习动机与如何进行前途指导有着密切的关系，所以从这方面入手会更有效果。即使现在学习成绩不算优秀，但只要孩子觉得自己有办法实现梦想或者选择适合自己的出路，即使感到矛盾和困难，也可以坚持下去。如果孩子觉得不可能，心理上就会觉得不需要继续上学了。

作为参考，我想补充的是，如果学校规则过于严格的话，有的孩子也会慎重考虑要不要继续上学，所以了解这些也会有所帮助。

最近咨询室里来了一对家长，抱了一堆礼物来感谢我。他们家情况是这样的，小学到初中一年级长相帅气、人气爆棚的男孩，从初二开始成绩大幅下滑，沉迷于网络游戏，甚至连学校也不去了。

就是那个时候，这对父母开始来找我。孩子不肯去医院，他的父母恳求我去家里和孩子见面（这种情况非常罕见）。孩子是那种完全依靠能力和头脑的典型。"我完了"，他说。初二的孩子说出这样的话，作为医生的我深感震惊。这孩子真的很让人心疼，又是那么固执。

和孩子交谈之后，我劝说孩子和父母一起寻找出路，还讨论了几种方案。孩子最想做的是离开现在居住的地方。大概是觉得丢人吧，搬家也好，移民也好，只要离开这里就可以。我慎重分析了孩子的心理，认真思考之后，建议让孩子去旅行。于是我说服孩子和父母，让孩子来一段长途旅行。

孩子半推半就地同意了，从国内到海外旅行了三个月。不过有个条件，那就是在博客上写日记。只要做到这点就可以。中间遇到几次困难，最后还是顺利归来。最值得感激的是孩子恢复了自信。

这里又出现了另一个问题。旅行途中，孩子发现自己喜欢与人交往的优点，想去旅行社工作，这又和父母的意愿相违。父母对孩子的意见很不满意，觉得孩子过早决定自己的前途，表示压力很大，还是回到了"总归要学习"的观点。

最后，孩子按照自己的心愿考上了观光商务高中，很开心，很满足，每次假期都去国内或国外旅行，高考也如愿考上了与旅游有关的专业。初中时很少来咨询，高中之后经常过来，无论是和父母的矛盾、不安，还是对前途的看法，他都会如实告诉我。

上了大学，他在一家小旅行社做兼职，学费几乎都是自己赚来的。大二结束后去参军，父母送他去部队，然后带着礼物来找我。

曾经盼望子女考上名牌大学的父母有着什么样的期待与失望，父母与孩子之间有过什么样的矛盾，当然不能在这里和盘托出，不过家里发生了多少事，一家人度过了多么艰难的时光，我完全可以想象。

最重要的还是孩子的幸福。发现孩子的才华，帮助孩子付出努力、施展才华，从而获得幸福。能够兴致勃勃而又幸福地工作就好，这是孩子和父母都需要具备的心态和变化。

小贴士：

不要和孩子争吵

青少年阶段没能投入时间用于自己的成长，而是浪费时间与他人，尤其是与父母作战，这是很不幸的事。

很多父母都有评价意识，然而却无条件地希望孩子"自主学习"。希望孩子不用督促，自己就知道该做什么。如果孩子在成长过程中没能得到关于努力和改变的称赞，那么他们不可能自己做好。

至少从现在开始改变自己吧。有人会担心，如果突然表现出不同的态度，会不会产生反作用，其实没有必要担心。如果孩子感到惊讶，可以跟他说："妈妈（爸爸）也在努力，你再等一等。"

第一个努力就是只说正面的话，绝对不能说"你做了什么？这样怎么行？"或者"我对你投资了多少，结果就是这样吗？"这样的话。放弃投资孩子的观念吧。如果父母的态度里包含着条件，那只会让孩子恐惧，最终降低动机，放弃学习。和孩子反复争吵，浪费时间，无论对父母还是对孩子，都是一无所获的消耗。

03
四种动机让孩子自主学习

下课回到教务室，旁边的老师正在和艺智聊天。艺智每次都是被吵吵嚷嚷着叫进教务室，难道他不觉得自己很不像话？感觉他今天肯定又要挨骂。当然，挨骂对艺智也未必管用。出人意料的是，老师竟然问起他的兴趣爱好。这到底是为什么？

——摘自教师的日记

目标理论让孩子从"要我学"到"我要学"

有的孩子小学阶段学习成绩不好，但随着年级的升高或者进入中学后，成绩却变好了。这种情况大多是因为孩子较晚才发现学习动机，或者因为某个契机而产生了学习的意志。

无论是成绩全面落后，还是严重偏科的孩子，想让他们从不擅长到擅长，最有效的方法就是"**人生中能够唤起学习欲望的重要体验**"。这种体验一般是下面四种之一。

第一，因为学习不好而感到痛苦的情况。有的孩子因为感受到了学习伤害造成的痛苦，于是开始努力学习。当然，也不是所有的学习创伤都会转换为动机。因为某个特定人的关系而受到的创伤变成巨大的痛苦，这时有的孩子会突然开始学习。

第二，结识新榜样时，学习态度突然发生巨大转变，甚至大爆发。如果遇到了持续关注自己、鼓励自己、引导自己的人，孩子也会开始用功学习。伟人传里常常有这样的故事，受到某个人的刺激，开始努力去做某件事。持续的支持和鼓励是强大的力量，可以打动人。

第三，意外发现自己的才华，学习随之变得顺畅。不一定是学习，其他方面的成就感也会让人努力学习。

第四，遇到好老师，孩子也会努力学习。学习上遇到困难，感到厌倦，或者跨不过某个阶段，想要放弃的时候，如果遇到好老师，就会在老师的帮助下恢复学习意志。我也是这样。当年我从文科转到理科，遇到了地理老师，我开始努力学习。高二时，我放弃了地理，高三换了新的老师，地理成了我最擅长的科目。不仅我，其他跟这位老师学习的孩子也都是这样。遇到好老师会对孩子的人生产生决定性的影响，可以看作主要的学习动机。

除此之外，也有的孩子格外偏好某门特别的科目，出现偏科倾向或者表现出特别的才华。这样的孩子中间，有人认识到为了实现梦想而学习其他科目的必要性，从而努力学习。像这样自主动机化的孩子，即使不喜欢，也会努力去做，只要掌握了做事的秘诀，很快就能做好。和别的孩子相比，他们的吸收能力更强，可以在短时间内做到最好。

只要没有学习障碍或脑功能障碍，那么大部分学生来学习诊所的原因都与"学习动机"有关。学习动机是如此重要，然而帮助不想学习的孩子寻找合适的学习方法却不容易。

那么，怎样才能帮助孩子学习呢？真的有秘诀吗？

我最支持的学习理论之一就是"目标理论"。问题在于"学习目标还是评价目标"，也就是"成长思维还是固定思维"，拥有学习目标的人是成长思维，而拥有评价目标的人则是固定思维。指向评价目标的孩子认为学习的目的是"考试"，而拥有学习目标的孩子则认为学习的目的是"学习知识，因为学习有趣"。

研究人员做过很多有关学习目标和评价目标的实验。最普遍的方法是以学生为对象，"把难易度不同的试题放在孩子面前，让孩子自己选择"。有的孩子选择简单的试题，有的孩子会选择难度较高的题目，哪怕得到较低的分数。考试之后问孩子选了什么试题，为什么选择那道题，从而了解孩子的学习动机。

斯坦福大学心理学教授卡罗尔·德韦克（Carol Dweck）带领的团队通过研究表明，选择高难度试题的群体对分数不敏感，目标是学习新东西，而选择低难度题目的孩子非常注重分数，注重向别人展示自己的能力。

同样的实验可以让低年级学生在有限的时间内猜题目，询问猜中或没猜中的感觉。在规定时间内全部猜对的孩子会觉得有趣、喜欢，而失败的孩子容易认为自己没有能力。

学习态度也是这样。有的孩子觉得学习有趣，有的孩子认为必须拿高分。做出不同回答的孩子们在成长中会有怎样的不同呢？研究结果显示，全部答对、认为结果重要的孩子越往高年级走成绩越差。只是喜欢学习、不管分数如何选择高难度题目的孩子越往高年级走成绩越好。从这个结果可以看出，对于孩子来说，学习本身可以成为最大的学习动机。

为了更深入地理解学习动机，我们把孩子分为两组，一组是注重评价的评价目标组，另一组是注重学习的学习目标组。评价目标的孩子选择简单题目，如果解答不出来会很难过。他们认为向他人展示自己的能力很重要。从简单题目过渡到困难题目时出现差距，原因是动机弱化。相反，学习目标群体在从简单题目转向困难题目时，动机不但会保持，而且还会扩大。

实验者带着几个关键词接近两个群体。首先拿出"努力、智商、性格"三个词语，问他们认为哪个更重要。

学习目标组认为努力更重要，智商和性格是可以改变的。评价目标组则认为能力和努力之间能力更重要，智商和性格是天生的，不可能改变。学习目标组认为人生可以开拓，可以发展，而评价目标组则更多地认为人生是命中注定的。

其次，面对动机的最大敌人——"失败"，两个群体也表现出鲜明的差异。学习目标组不会被失败束缚，而是聚焦于自己为什么失败。评价目标组则更多地把失败本身看作对自己的惩罚。"我没有能力，我很差，我的人生完蛋了。"学习目标组会采取解决问题的思考方式："我为什么答不出来？怎样才能解答出来？要不要找人帮忙？"即使解答不出来，他们也会想"看来这道题太难了"，而不会自责。显而易见，对于智能和失败的态度方面，两个群体的反应也不一样。

现在，我们周围的孩子大部分属于评价目标组。那些不爱学习的孩子，大都是"为了不被别人发现自己没有能力而不想学习"。孩子通过不学习来保护自己——不想暴露自己学不好的时候，还不如索性不学，这也是最安逸的应对方法。

做守护孩子学习兴趣的父母和老师

那么，学习目标组和评价目标组的差异来自哪里呢？真的是因为与生俱来的基因吗？不是的。**研究结果显示，重要的是父母和老师的态度**。孩子做作业的时候，父母和老师的反应导致孩子追求的目标有所不同。

看看我们的四周，那些对学习和学校生活深感无力的孩子都是怎样长大的，表现出来的是怎样的态度，就会发现他们背后肯定有重视评价目标的父母或老师。重视评价目标的父母和老师经常会说，"你很聪明，你很棒，你像你妈妈（爸爸）一样聪明"，强调与生俱来的能力。当孩子犯错的时候，他们会不分青红皂白地训斥；重视面子，开始做某件事的时候"如果没有结果，还不如不做"。在这种只强调结果的父母身边长大，或在这样的老师身边学习，孩子自然会习惯注重结果的模式。

"成绩说明一切，成绩不好，说什么都没用。"听着这种话长大的孩子，想到代表自己的只有结果，当然会感到满满的压力。父母或老师的养育方式、态度已经被孩子内在化了，等他们到了高年级，干脆选择不学习的战略。

"为什么不学习？"

"因为学不好。"

"学不好也可以学啊。"

"学不好怎么学？"

这样的对话经常在孩子和父母或老师之间重复。

那些认为能力比努力更重要的孩子，他们的故事大多相似。曾几何时，哪怕临阵磨枪，成绩也会不错。可是不知从什么时候开始，这种方式行不通了。于是孩子得出结论，"啊？我的脑子变笨了"，然后开始远离学习。评价目标组想不到原因在于自己的努力不够。其实，韩国人对于智力的执着和偏见过于严重，盲目地认为头脑决定着学习能力。这成为固定心态，导致孩子很难发生改变。重视评价目标的人，他们的视角只有做得好与不好。

学习目标组的父母却把重点放在"孩子怎么做"。比如，孩子画完画拿给父母看，父母只谈论画作本身。"你是怎么画出这样的画的？为什么涂这个颜色？"询问画画的感觉，观察孩子如何发挥想象力。通过询问孩子的构思，呈现构思的过程，促使孩子思考自己的画作，引导孩子用语言表达出自己的想法。如果刻意进行这样的对话，当然会感觉很累，不过父母本身也会觉得好奇，所以就很自然地问出来。学习目标组的父母更重视过程，而不是结果。他们表扬孩子也只针对过程和努力，"这么难，你都坚持下来了。你真的很努力，太棒了"。

"分数不错啊，看来你很聪明"，表扬结果是典型的评价目标的思考方式，哪怕是蒙的也好，只要答对就可以，只要分数高就行。如果妈妈对考 100 分的孩子说，"哇，你真的好聪明！太棒了，不愧是我的儿子"，孩子会感到恐惧，"如果我得不到 100 分，那就说明我很糟糕，不是乖孩子"。卡罗尔·德韦克甚至主张，这时应该说，"考 100 分当然很好，是个好结果，不过你没有通过这次考试获得新知识"。按照我们的习惯，很难做到这个程度。不过，至少我们应该明白，重要的不是有没有得到 100 分，而是在考试中学到了什么，通过努力得到了什么。

我们被"好与不好"的模式束缚，吝啬于询问过程，吝啬于赞美努力。现在突然想要这样做，难免有些尴尬。但是为了孩子，就算难为情，也应该克服。专家们建议，即使有刻意之嫌，也应该努力去做。看到孩子的画，不要只是说"画得很好"，而是问一句："你是凭着什么感觉去画的？""为什么选择这个颜色？"这些问题积累起来，足以引导和强化孩子的动机。

为了强化学习动机，孩子本人需要做出改变，老师和父母也要改变价值观，将重视方向从评价目标转为学习目标。

孩子经常表达的不满就是父母让自己难堪。这是大人最具代表性的评价目标现象，重视别人怎样看待自己。

"喂！你出门的时候不要跟在我身边。"

"在外面遇到我，你就假装不认识。"

说这种话的父母大多强调面子、家庭背景和学历等所谓"能力"。孩子最讨厌的就是这类父母。如果孩子问："妈妈喜欢的不是我，而是我的成绩，对吗？"这说明孩子已经受伤了。

评价目标在东亚的盛行程度超出世界其他任何地方。毕业于哪个大学、就职于哪个公司、生活在什么样的家庭等，这些都是被强调的要素。埋头苦读得高分，进入大学，找到工作，积累资历，为了继续升职而苦苦挣扎，转眼间就到了光荣退休的年龄。拼命学习，参加考试，人生就这样走向终点。

在意别人的评价，向别人展示自己的能力，这样活到四十多岁，终于开始反省自己究竟做了什么，真正喜欢的是什么。孩子进入初、高中后，曾经马不停蹄的生活有了空闲，这时他们才想到"寻找自己"。从来没有为自己做过什么，突然就要重新开始，那是很难的。对于重视评价目标的人来说，这段时间没有为自己做任何事，因此重新开始非常困难。重视评价目标的人更容易受到中年青春期和抑郁症的折磨，原因就在这里。

评价目标、悲观的解释、怪罪别人，这些都将削弱孩子的学习动机。"我没出息，我什么都做不好"，负面想法累积起来，孩子无法在心理上或精神上萌发出尝试去做什么事的动机。

那么，我们该如何改变呢?

第一，孩子重新开始做某件事的时候，我们要用学习目标的心态来对待。坚持不懈地帮助孩子积极面对失败，改变孩子的意识。为此，父母和老师需要率先做出改变，和孩子持续发生相互作用，帮助孩子产生"成长"的感觉。

第二，做苏联心理学家维果茨基（L. S. Vygotsky）有

关"**最近发展区**"（zone of proximal development）**的课题**。这对老师来说是很有效的办法，并不是重复去做已经熟悉和知道的事情，而是不断提出稍加帮助就能完成的新课题。"孩子可以做到，孩子的能力绝非固定不变"，只有在这个前提下改变学习目标，孩子才能一步步前进。

第三，提高动机的关键期是学习模式发生变化之际。这时，尤其需要多多关注孩子。小学一年级、初中一年级、高中一年级，孩子们在这三个阶段对"评价目标还是学习目标"的反应最为明显。很多时候是在年级突然升高时发现的。教育书上都说小学四年级是决定性时期，初中二年级也是如此。因为学习模式的变化，初中二年级才切实感觉到"明明很聪明，却学不好"。从初二开始，如果不能在能力的基础上付出努力，那就很难解决学习课题。仅靠头脑学习变得吃力，这时就需要付出努力。不过当成绩下滑的时候，很多孩子认为"啊，我以为自己很聪明呢，看来不是"，从而退缩。如果连父母也来逼迫孩子，孩子就会对自己本来的能力感觉混乱，进而放弃学习。

第四，最好是在低年级就跟孩子说明学习目标和评价目标的差异。高中开启应试模式，对学生进行排名，能力也赤裸裸地显现出来，有的孩子就以不学习的方式来逃避排名。对于初中一、二年级以上的学生，如实说明现实情况也能够强化动机。卡罗尔·德韦克用于了解孩子倾向的采访问卷非常简单。"即使不会，也选择挑战，还是选择已经熟悉的？"通过这个问题，让孩子了解自己的倾向。如果孩子过于侧重评价目标，那就应该充分地向他们揭示学习目标的重要性。

老师如何提高孩子的学习动机

做一件事，结果常常和计划或预想的不一样，甚至相反。赋予孩子学习动机，或者试图提高学习动机也是如此。明明是出于善意，结果却朝着荒唐的方向发展。例如，为了孩子好而称赞外貌和能力，非但没能强化动机，反而成为毒药。

只告诉孩子成功的秘诀，或者只谈论成功与失败的结果，无法赋予孩子学习动机。如果孩子和老师谈过之后更加否定自己，这也算赋予动机失败的例子。

卡罗尔·德韦克的动机理论认为，那种以头脑、结果和评价为中心的态度不可取，传授给孩子乐观的态度至关重要。学习问题指导老师更要记住，"错误是我们的朋友，犯错是学习的机会"。即使孩子没有说出正确答案，也不要说答案错了。比如"你的答案很有趣"或"老师想要的答案和你的答案有点方向不同"，这也是让学生参与课堂的方法。"不行，错了！"千万不要说这种话，尽量说"很特别，很新鲜，和我的想法稍有不同"。孩子们知道自己错了，会因为害怕听到大人的否定而不肯说出自己的想法。如果不能表达出来，渐渐地就会变得畏缩，错误也无法得到纠正。

越是低年级的孩子表达自我，越要问问他为什么会做出这样的选择，为什么得出这样的结论。学校教育中，每个班差不多有三十多名孩子，当孩子说出错误答案的时候，想要说"你的回答很有趣"，的确不容易。如果让孩子说出自己得出这个答案的过程，自己寻找错误的原因，那么别的孩子也能在这个过程中一起学习。

父母如何帮助孩子克服学习困难

有的孩子过分执着于分数和排名。明明很努力了，心里还是非常焦虑。不论老师怎样强调学习目标，他们也无法改变。这可能是强求孩子名次的父母和过分强调学历的社会风潮造成的现象。

让孩子体会到学习的快乐，这是大人的义务和责任。比如每天在家翻开书，"妈妈觉得读书很有意思，每天都能学到新东西，好幸福"，刻意强调学习目标，这种做法也不错。活到老学到老是快乐，努力去了解不懂的东西也很有趣，在书中进行别样的体验让人感到幸福。这样告诉孩子是很有必要的。哪怕知道父母的态度是假装或表演，孩子也会受到刺激。

学生时代，孩子总是不停地考试，那么分数也是评价目标吗？这个问题会随着父母的解释不同而有所差异。考试分数提高了，名次没有上升，如果因此批评孩子，那就会成为降低动机的要素。如果对成绩提高本身给予高度评价，就会成为学习目标。也许孩子会问："从35名到33名有什么意义？"孩子感觉不到这对自己的成长有什么特别的意义。如果告诉孩子，"你通过努力提升了两个名次，这本身就很重要"，孩子也会感觉自己成长了许多。

极端遵循评价目标的孩子认为"努力没有用，运气最重要"。事实上有很多孩子相信"人生没什么大不了的，一次成功就能彻底改变"。在他们看来，努力不但毫无价值，而且让人讨厌、疲惫。

父母应该让孩子认识到日常生活中努力的价值是多么重要，并且使其深深地渗透进孩子的心里。青少年时期，最重要的是了解自己，战胜自己。努力是战胜自己的最佳手段。听起来有些奇怪，其实青少年时期的"克己训练"是指"养成努力调整自己的习惯"。通过克己训练，学会按照自己的意志去调节想法、情绪和行为。

青少年阶段有过克己经历的孩子，可以凭借顽强的挑战精神和开拓精神去迎接未来。在克服学习的困难中实践对自己的承诺，这样的体验会促进孩子的成长。站在最近的地方帮助孩子，让孩子每天体验与自己抗争的过程，这样的人只有父母。

小贴士：

评价目标 VS 学习目标

评价目标	学习目标
为了表现而学习	为了学习而学习
需要认可	享受学习
能力很重要	努力很重要
世界是不变的	世界是变化的
命运不能改变	可以努力获得成长
整齐划一	丰富多样
拒绝失败	接受失败
受偶然支配	受必然支配
只看重结果	重视过程
生活充满义务	生活充满权利
重视结果	重视态度
个体是固定的	发育过程中会有所改变

小贴士：

外在动机 VS 内在动机

外在动机	内在动机
对回报的欲望：外在动机	对学习的热爱：内在动机
需要外在动机	学习本身带来的满足
只关注回报	关注多方面
短暂的努力	持续的努力
关注结果本身	关注过程本身
回报本身才是意义所在	学习本身就是意义所在
人为的过程	自然的过程
考虑短期目标	考虑长期目标
取决于是否有回报	动机持续强化

04
从实际出发制订成功计划

过度期待会削弱孩子的动机

有些孩子从进入幼儿园的瞬间开始就不停地被比较。父母随时都会说："谁谁做得那么好，你怎么做成这样？"这就是所谓"别人家的孩子"。孩子们只顾别人的看法，专注于分数，没有时间审视自己的内心，不知道自己想要什么，擅长什么。他们甚至想，与其被比较，还不如放弃。

过度期待会削弱孩子的动机。在咨询中，有个孩子告诉我，他本来打算上课不再说话，认真听讲了，可是父母却让他一定要考上名牌大学。孩子说，凭自己的本事，不管怎么努力都不可能，父母过高的期待让他很烦恼。

孩子的成绩稍微提高一点点，父母的期待就提高了一大截。好不容易决定学习了，父母却提出更高的目标。这就像期待蹒跚学步的孩子快快奔跑。孩子从班级 25 名上升到 23 名，高期待的父母觉得不算什么，也不看孩子付出了怎样的努力，认为孩子依然处于下游行列。学习不好的孩子通过努力提高成绩的时候，如果家庭和学校没有表现出积极的反馈，孩子就会感到挫败。

不爱学习的孩子很难靠自己保持学习动机，需要身边有人称赞，有人帮助自己强化动机。为此需要制订合适的目标和切实可行的时间计划表。每天一小时学习时间都不到的孩子，却计划每天学习三小时，只睡四小时，这不是时间表，而是"神话表"。聪明的父母会帮孩子修改计划，使其符合现实。

"我明白你的意思，但是这样的计划可能失败。学习时间突然延长到三小时，你会很累的，先努力每天学习两小时吧"，这样温柔地说服孩子，基于孩子的个人意志，制订符合当前水准的目标和计划。

处于下游 10% 的孩子，将目标定在进入上游 10% 的时候，如果父母说，"好吧，你随便，看看行不行"。第二天发现孩子没有做到，父母说"我就知道你会这样""既然这样，还定计划干什么？"，这样岂不是削弱了孩子的学习动机？

孩子有了努力学习的欲望，父母和老师不要认为"落后生定什么计划，努力就是了"，而是应该劝说孩子"只要脱离下游 10% 就算胜利"，同时积极帮孩子修订目标。帮助孩子制订合适的目标，目标达成的成就感会推动孩子一步步前进。

如果认真倾听孩子的学习创伤，睁大眼睛观察孩子的努力，称赞孩子的进步，迟早有一天孩子会下定决心好好学习。体会到学习效果，恢复自信之后，孩子自然进入下个阶段，"学习不是只带给我创伤""学习真有意思"。在实践中，我也经常见到与学习握手言和的孩子，"老师，我还想继续学下去"。原来对老师、对课本、对与学习相关的一切都怀着敌意的孩子，突然间参与课堂，对学习敞开心扉。

　　这时，父母和老师有必要和孩子一起寻找梦想，同时进行前途指导。人们通常认为"前途指导"就是"职业选择"，认为到高中再做就行。其实，这是对前途指导的狭义理解，很多具有改革倾向的教育家都认为应该从小进行前途指导。前途指导是支持和帮助孩子实现梦想的全部过程。不要嘲笑孩子的梦想没有根据，也不要断定"以你的水平做不到"，而是和孩子一起寻找实现梦想的具体方法。

　　治疗失足青少年的过程中，我发现有过警察梦的孩子竟然多得出奇。一方面是因为他们经常和警察打交道，比较熟悉。也有孩子说，像自己这样的人成为警察，才能更好地对待青少年。这时候，你有没有斩钉截铁地说这个梦想很难实现？"别逗了，你怎么可能当警察？""当警察，必须从专门的警察大学毕业才行！"

　　我们可以告诉孩子，除了警察大学，还有很多途径可以成为警察，然后和孩子一起想办法，看看怎样努力才能实现警察梦。同样的职业，由于接受的教育和能力不同，级别也会有所差距。我们不要把最高级别展示给孩子，断言孩子做不到。根据孩子现在的水平，寻找通过努力可以实现的梦想，这才是真正的前途指导。

鼓励每一个小小的进步

第一次和家长、孩子交谈的时候，他们经常会问："那么结论是什么？"或者："有什么解决办法？""这样开始真的有效果吗？"从他们的提问中，我感觉到了他们的急躁，他们期待"好的开始不仅仅是成功的一半，而是彻底成功"。

即使拥有远大的梦想，现实也要具体而细致。如果梦想远大，现实中又制订过高的计划和目标，第二天再看计划的时候，就会感觉这不是自己的事，因为和自己的生活没有任何关系。

所有的前行都从第一步开始。学习、生活的变化、习惯都是这样。帮助学习成绩差的学生，更要帮助他们树立小小的目标和希望。这就需要不断发掘小小变化的心态。

刚刚接触英语的孩子每天背两个单词都很难。还不熟悉学习的孩子当然不习惯每天在固定时间内做某件事。学习量随着心情起起落落，有时压根都不看一眼书本。老师和父母会觉得失望，每天学一点点，怎么就这么难呢？坦率地说，改变人生这件事，对任何人都很困难。

归根结底，巨大的变化都由连续的小变化积累而成。对于试图引导孩子改变的老师和父母，我要推荐一本展现行为设计力量的书《瞬变》（Switch by Chip Heath, Dan Heath）。作者提到，"感觉到自己距离目标比预想中更近，这种感觉本身就会促使人发生改变"。

比如，一组要求在八个空格里盖满印章，可以得到一张免费停车券；另一组得到的是十个空格中已经盖了两个印章的卡片，哪一组更愿意为了填满八个空格而努力？正确答案是后者。同样的道理，对清洁工提出减肥目标，对第一组讲解每天从事的各项工作消耗的卡路里，"铺床单 15 分钟消耗 40 千卡，用吸尘器清扫 30 分钟消耗 10 千卡"；对另一组只说运动的效果，不说明日常的清洁动作也会成为很棒的运动。四周之后，哪一组能够达成更高的目标？

也许你已经猜到了，第一组清洁工就像拿到已经盖有两个印章的十格卡片那组，认为自己的位置接近目标，这会刺激他们的动机。"我本来就在运动！"意识到这点就足以向着目标行动了。

作者说，**在变化过程中获得进步的感觉非常重要，迈出第一步的时候就应该注入勇气和自信。**引导孩子发生改变，与其强调今后要达到的变化目标，不如让孩子想想已经做到的事和已经克服的障碍，从而把改变的规模设置到最小。

有意义的结果、短期之内达到的目标，如果不能同时满足，那就选择后者，让孩子体验小小的成功，这点至关重要。小小的成功体验可以减轻压力（没什么大不了的），减少努力的需求量（原来做到这些就可以），提高自己心目中的能力水准（原来我还可以做到这种程度）。

05
培养乐观的学习态度

　　考试临近，我找来学生家长谈话。交谈过程中，我询问前不久的考试结果，每位家长的反应截然不同，让我大吃一惊。成绩稍有提升的孩子妈妈说，"不知道怎么回事，成绩提高了，可能是题目简单吧"。成绩下降的孩子妈妈则说，"这次没考好，不过他在努力，下次应该能考好"。通过两位妈妈的不同反应，我能猜到孩子把成绩单递给妈妈时她们截然不同的表情。想让考试起到帮助作用，周围人对成绩的反应非常重要。我应该怎样跟家长说才好呢？

——摘自教师的日记

这样表扬让孩子更爱学习

解决难题的时候，如果想要维持动机，孩子需要进入学习目标模式。也就是说，不是为了给某人留下好印象而学习，而是把学习本身当成目标。有父母来找我，问孩子已经上高中了，还能不能改变。当然是年龄越小越容易改变，不过只要以表扬和鼓励为基础，高中生也会改变学习态度。

"你的成绩就是妈妈的成绩"，要是以结果为中心给孩子施加压力，孩子很难提高学习动机。为了让孩子面对难题时具备挑战和解决问题的动机，乐观的态度必不可少。

乐观地解释结果，这样的心理和态度对于持续做事的人不可或缺。如果孩子态度悲观，那么当父母或老师说"做不出来也没关系""做不好也没关系"时，他们肯定不会相信。他们会想，"你们让我做的，然后又批评我"。

动机的形成和乐观的态度相辅相成。 情绪乐观对动机的形成很重要，这不是天生的，而是在与人互动的过程中形成的。特别是父母与孩子、教师与孩子的互动，对孩子形成乐观态度至关重要。

失败次数多了，孩子的动机就会被削弱。那么，成功次数多了会怎样？关于失败有很多争论，成功同样也是争论的对象。听说多积累成功经验对孩子有好处，于是反复让孩子体验简单的成功，然而进入大学以后，很多孩子无法适应艰难的学习任务和发生变化的学习方法。如果有人问，你以前那么棒，现在为什么不行呢？他们会回答，"我以前做得好是因为容易"。

如果总是做容易成功的事，当遇到高难度挑战的时候，当然会因为恐惧失败而逃避。这样一来，成功的经验反而成了毒药。成功也好，失败也罢，培养克服困难的力量最重要的就是"让孩子掌握秘诀"。

如果孩子出色地完成了某项课题，可以让孩子详细说出自己是怎样成功的，秘诀是什么，什么方式的努力最有效果。孩子亲口说明白，那就已经掌握了成功的秘诀。这样掌握的秘诀，可以反复用于再次挑战新课题。

要让孩子正确认识自己的力量，了解失败的原因，把成功的秘诀转化为自己的秘诀，父母和老师的态度非常重要。即使表扬也不要侧重于结果，更要聚焦于孩子完成课题时的战略和方法，以及过程。研究表明，这样的称赞有助于孩子保持兴趣，挑战更难的课题。

"你解题的方式太棒了，能不能说说你是怎么做到的？""这幅画使用的色彩真的很好，你为什么选择这个颜色呢？""你写的故事特别有趣，有种身临其境的感觉，你是怎么想出来的？"努力的过程受到表扬，孩子不但会继续投入自己的学习，而且会真心为自己取得的成就感到喜悦。

智慧地面对失败让孩子更努力

韦纳（B.Weiner）提出过归因理论，成功固然重要，然而简单的成功却是停滞不前，失败时的自我反省也很重要。他提出了分析成败原因的三个标准：

· **内外因果性：原因在自身内部，还是外部？**
· **稳定性：原因随条件变化，还是维持稳定？**
· **可控性：原因是否受意志操控？**

当你把成功和失败归因于努力、能力和运气时，分别代表着如下特点：

· 努力：内在 / 不稳定 / 可控
· 能力：内在 / 稳定 / 不可控
· 运气：外在 / 不稳定 / 不可控

卡罗尔·德韦克在动机论中指出，失败时归因于"能力"的孩子，和自认为"努力"不够的孩子相比，遇到难题时放弃的可能性更大。归因于可控的"努力"的孩子，会说些鼓舞自己的话，态度也乐观向上。我们应该教会孩子面对失败时做出"我还应该更加努力"的反应，而不是认为"我无能"。

有时候，孩子已经很努力了，结果还是不太好。忧心忡忡难以入睡，全力以赴，却还是失败了，这时如果要求孩子"继续努力"，孩子会产生深深的挫败感。

分析失败时，无论是全部归咎于别人，还是归咎于自己，都不可取。简单说来，"一半在外界，一半在自己"才是面对失败的智慧态度。有人担心孩子的责任感会因此降低，不过控制论认为，那些自以为掌握内在控制权的人们可以很好地完成任务，但是，如果把成功或失败统统解释为努力，反而会得出悲观的结论。

卡罗尔·德韦克还批评了"努力万能主义"。他认为，"一旦接受了努力万能的信仰，那就容易把所有的失败归咎于自己的努力不足，最终造成当事人难以摆脱的情况"。他说，应该尽量给孩子成功的体验，而不是只提供成功体验，最好是以4:1的比例让孩子体会成功与失败，把失败的原因归结为努力不够，这样孩子才会更加努力。

当孩子拿到100分的时候，乐观的父母会说秘诀在于能力还是努力？"你的努力终于有了果实。"他们会告诉孩子，因为有了你的努力，才有这样的结果。进而让孩子明白，秘诀还可以扩散。"你知道了得100分的秘诀，别的科目也能学好。"这就是鼓励孩子，成功是努力的结果，而且可以扩大和持续。

现实当中，当孩子得到 100 分的时候，很多父母会说成功的秘诀是偶然。"怎么回事啊，你这是太阳从西边出来了吗？你运气真好！"孩子会觉得成功和自己无关，好事也只是偶然而已。偶然不算秘诀。这种情况下，孩子无法掌握成功的秘诀。非但不能开启让好事扩大的可能性，反而因为是偶然而断言不会把别的事也做好。

"因为你按老师的要求做了！"如果把孩子的成功归因于父母或老师，孩子就无法正确评价自己的努力。

平时得 80 分，突然降到 60 分的时候，乐观的父母才会说这是偶然，让这种负面的事情到此为止。也许这次比较难吧，这样说孩子就不会产生挫败感。悲观的父母会说这是必然。"你看看，露出真面目了吧。你这样下去，一辈子都不会有出息。"归咎于孩子，告诉孩子失败还会继续，孩子就会觉得"我不行，别的事情也做不好，我的人生就这样了"。

06
多动症孩子的学习指导

三种多动症类型和特点

有的孩子不是不想学习，而是不会。最典型的就是多动症（ADHD）孩子。智力障碍和多动症属于脑功能障碍，抑郁症、品格障碍和焦虑症属于情绪行为障碍，阅读障碍、写作障碍、计算障碍则属于学习障碍。这三种类型的孩子在学习上遇到困难是显而易见的，但不属于学习问题的范畴。

我们再看一下患有障碍的孩子都有什么特点。遇到学习困难的孩子是因为认知发育出现问题，导致学习效率降低，学习速度缓慢，做不到一次理解大量知识。尤其是患有多动症的孩子，上课不能安安静静地坐在座位上，经常有打扰他人的动作，或者吵闹捣乱，无法控制自己。同样是多动症孩子，有的只是注意力不集中，上课很安静，老师不容易识别。注意力不集中，当然无法掌握学习内容，到了高年级，孩子才会因为成绩差而被发现。

属于边缘智力或在语言、行为方面未能达到正常水平的孩子，相比同龄人，他们的作业速度非常慢，理解水平也较低。即使认知方面没有问题，如果在成长当中没有受到适度的学习刺激，也可能表现出低智商，或者情绪无力。

使用符合障碍儿童特点和水平的特别教具和活动，可以将学习缺损降至最低，通过预习和复习培养学习自信。当然，老师首先应该耐心，坚持不懈地理解孩子缓慢的学习速度。特别是通过具体的学习活动，指导孩子提高学习成就体验，这是最好的方式。

评价多动症的孩子有多种尺度，最简单的就是"康氏儿童行为问卷"。父母或老师观察儿童的行为，做出评价，每道题0～3分，共10项，计算总分。父母评分在16分以上，老师评分在17分以上，那就应该请专家做出准确的诊断了。

多动症有三种类型，行为过度型、注意力缺乏型和混合型。行为过度型指的是安静不下来，动个不停，行动过多；注意力缺乏型是注意力不集中，听不进老师说的话；混合型是行为过度，而且注意力不集中。男孩以混合型居多，女孩以注意力缺乏型居多。

表面看老老实实坐着听课，仔细一看，发现孩子在不停地乱涂乱画、听音乐、咬指甲或者抖腿，这种情况属于注意力缺乏型。即使行动不涣散，思维也是涣散的。思绪飘忽不定，听不进上课内容，也无法认真做笔记。对于注意力缺乏型孩子来说，让他们"记下关键词"不失为促进专注力的好办法。

康氏儿童行为问卷

		年级	班	姓名	

观察到的行为		程 度			
		完全 没有 0分	一点 或偶尔 1分	较多 或经常 2分	非常 严重 3分
1	安静不下来，过分活跃。				
2	容易兴奋和冲动。				
3	妨碍其他孩子。				
4	不能从头到尾做完一件事，专注时间较短。				
5	常常坐立不安。				
6	专注力不够，容易走神。				
7	提出的要求必须立刻满足，容易产生挫败感。				
8	经常哭，动不动就哭。				
9	情绪起伏不定。				
10	容易发怒和激动，行为难以预测。				
	小计				
	合计				

帮助多动症孩子的七种方法

对于多动症的孩子来说，没有输入，也就没什么可以输出。指导他们的时候，必须认真制订计划。下面是几种可以共同使用的方法：

1. 让多动症孩子坐在离老师近的地方。坐在老师面前，他们会减少吵闹；即使吵闹，也不会影响更多人。

2. 消除教室和课桌周围不必要的刺激。安排座位的时候，让多动症孩子坐在安静的孩子中间。即使想吵闹，也会因为没人配合而减少回应。

3. 给专注力差的多动症孩子单独上课。如果做不到，可以抽出少量时间，哪怕只上 10 分钟或 15 分钟，引导孩子做出反应。

4. 教室环境越整洁，越有助于指导多动症孩子。教室环境过于杂乱，可看的东西多了，孩子的视线总会不自觉地转过去，导致专注力下降。

5. 让多动症孩子做笔记，让他们提问。写下问题，再读出来，问题会更完善，提问的次数减少，可以缓解冲动。记录过程中，孩子的想法可以得到梳理。

6. 送给多动症孩子最好的礼物之一是笔记本。在笔记本上记录问题，写下当天所学的内容，哪怕一个单词也好。如果孩子记不住太多的东西，可以让他们写下必须记忆的东西、需要铭记在心的事情、当天的关键词。像这样训练大脑，提高自我调节能力，哪怕慢一点，孩子也可以逐渐达成目标。

7. 帮助孩子做好收尾工作。现在的孩子大部分都是这样，做事虎头蛇尾，而这个群体的孩子尤其严重。要想帮助多动症孩子顺利做好收尾工作，重点是认真制订计划，按序而行，重新复习当天学过的内容。

小贴士：

学习障碍的类型和特点

精神障碍领域的标准化分类系统 DSM-IV 是美国精神医学会为了更加准确地对精神障碍进行诊断和分类而开发的精神障碍诊断及统计指南，包含多种精神、心理问题，其中与学业相关的障碍可以在"幼儿期、少儿期、青少年期第一次诊断出来的障碍"篇里查找。

智力障碍

十八岁之前发病，智力水平低于平均值（70），一般功能也明显不足或处于损伤状态，这是主要诊断依据。根据病情轻重可分为五个阶段，"轻度智力障碍、中度智力障碍、重度智力障碍、超重度智力障碍、无法确定程度的智力障碍"。

学习障碍

智力指数正常，情绪、社会和环境方面也没有问题，可是学习成就度很低。与学习相关的脑功能特定领域存在缺陷或发育迟缓。学习能力，也就是听、说、读、写、推测、计算等能力较弱。DSM-IV 定义的学习障碍种类包括"阅读障碍、计算障碍、书写障碍、未被分类的学习障碍"。

注意多动障碍

相比于同龄或发育水平差不多的孩子，注意力不集中、散漫、冲动、多动等症状经常出现，而且较为严重。可能出现在七岁之前，并且持续到长大成人。DSM-Ⅳ对"复合型""注意力缺陷优势型""多动冲动优势型"三种类型提供了诊断标准。

广泛发展障碍

整体发育迟缓，存在局限，发育本身具有非典型性，出现变形。孩子1—2岁还不会说话，或者妈妈要抱却不肯，呼唤没有反应，不与人对视，独自玩耍，和周围人相比更关注小物件，大多由父母或第一养护人发现。广泛发展障碍的典型症状包括：①人际交往困难；②沟通与想象、行动受损；③行为和兴趣极度受限等。DSM-Ⅳ对广泛发展障碍的五种类型，即孤独症（典型自闭症）、雷特综合征、儿童瓦解性精神障碍、阿斯伯格综合征、未分类的广泛发展障碍提供了诊断基准。

第三章

孩子不爱学习的
七种类型和应对方法

不想学习的孩子有很多类型，这意味着讨厌学习的理由有很多种。有的孩子很早就讨厌学习了，有的是最近才放弃，每个孩子都有自己不想学习的理由。讨厌学习的现象也多种多样。有的孩子只是对学习失去兴趣，上学没有问题，有的孩子不但丧失学习意愿，甚至丧失了上学和人生的意义。

除了患有学习障碍或多动症等疾病，需要特别帮助的情况，专家们对有学习问题的孩子提出很多种分类方式。这些孩子具有潜在的学习可能性，只是目前还停留在"低成就"(underachivement)状态。有的强调动机和意愿，有的重视学习技巧，有的强调学习文化，有的侧重教育政策，学者们提出多种分类和提案，解释学习问题的类型。

学习创伤和学习问题有多种类型，我根据临床经验将学习创伤分为七种类型：

第一种类型：关系创伤型——主观放弃学习

第二种类型：学习经验不足型——学习基础薄弱

第三种类型：压力疲劳型——学习时间过长

第四种类型：缺乏目标型——缺乏学习内驱力

第五种类型：缺乏自信型——考试过度紧张

第六种类型：期待压力型——期待过高形成负担

第七种类型：行动力不足型——学习效率低下

01

关系创伤型：被关系伤害而放弃学习的孩子

一名高中生说："有一天我决定不再学习了。我太生气了，无法继续下去。没有人尊重我。我想做、愿意做的事情都不让做，就知道让我学习。我又烦又气，受不了。我讨厌学习，我想做的事情做不成，也不想做父母期待的事了。"

一名小学高年级孩子这样说道：

"烦死了，妈妈每天就知道让我学习，对我漠不关心。我很忙，要做的事情很多，仅仅辅导班就让我上十多个，我受够了。"

接下来是一名初中生说的话：

"我决定放弃那门科目了。我不想上课，可是没办法。老师真的太过分了，总是看我不顺眼。说过的话，答应的事，统统不算数。我对这门科目彻底失去兴趣了。以后想都不愿再想了。"

人的动机并不只是个人的内在动机。人是关系动物，不论从生理上，还是精神上，比任何动物都更受关系的影响。出人意料的是，学习动机不足或热情不够的孩子，他们控诉的痛苦竟然是因为生气而不想学习。生气的原因多种多样，最多的是对包括父母在内的家人的气愤。当然也有部分孩子对老师感到愤怒。

我这样说，可能有人会反驳：

"学不学习是自己的事，为什么要拿别人当借口？"

这样说话的是对"关系动机"迟钝的人。有的人只要是自己喜欢的事就会努力去做，而有的人是因为喜欢"某个人"才开始做某件事。这种类型的人也不在少数。

单从成绩来看，这类孩子会在某一天突然成绩下滑，然后就提不上去了。

 情绪支持：

理解和认可是修复关系的开始

我称该类型为"主观放弃"。处于罢学状态，而且恼羞成怒。有的是直接表达愤怒的积极罢学型，有的是含含糊糊表达愤怒的怠工型，还有的孩子属于别人安排才会去做的被动型。很明显，他们都能长期带着不满生活。

因为没有得到父母或老师的理解，他们决定不学习，并且保持这个状态。父母和老师通过孩子想要的关注、需求和尊重来满足孩子，鼓舞孩子的士气。误会、过度期待和失落等都是蒙在关系这台发动机上的灰尘，只有清除之后，发动机才能正常运转。大多数孩子，只要解决了类似的关系问题，学习上就没什么大问题了。

我治疗过的很多孩子，到了医院才肯说出自己怠学或罢学的原因。他们对父母或老师感到非常失望。有些孩子是因为看到父母对特定承诺的态度之后关闭了心门，有的孩子说父母对自己关心不够。有的孩子受到老师的打击，还有的渴望得到认可，却被老师训斥。最终，他们会顽固地浪费时间，只是为了报复自己受到的创伤。

 **学习支持：**

关系修复，学习态度就会改变

其实，这些孩子当中的很多人并不需要特别的学习支持。只要受了创伤的动机得到治愈，他们的学习态度也会重新好转。今后重要的是不要消磨士气，根据孩子的需求敏感地提供多样的学习支持，给予认可，持续关注。尊重孩子，经常与孩子对话。

越是敏感于关系的孩子，越是需要顺应他们的关系需求。我在诊所里遇到过很多孩子，只要他们恢复交流，恢复自尊，完全可以结束治疗。

02
学习经验不足型：基础薄弱而害怕学习的孩子

对老师来说，学习是学校里最重要的事，但是对有些孩子来说并不是这样。这种类型的孩子，从成绩方面来看，大部分会长期停留在最底层。

每个班都有一两名这样的孩子，有的地方会有三四名。他们大多来自贫困家庭或者父母有困难，家庭环境不安稳。他们最大的课题不是学习，而是"生存"。他们可能让老师感到陌生，因为没有哪位老师小时候的核心课题是生存。因为缺少照顾，他们生活在放任、虐待和冷漠之中，有人在小学低年级就有了不良行为。

对于这种类型的孩子而言，学习只是在学校里敷衍了事的活动罢了。只是有人唠叨要学习，从来没有人详细告诉他们学习是什么。他们大部分时间在电视和网络中度过，书，一年也未必能读一两本。学习对他们来说疏远而又陌生。他们没有经历过家庭和学校学习的复杂过程，也没有文化体验。这些孩子对陌生的学习感到不舒服、恐惧，对自己表现不好感到愤怒。随着年级的升高，他们受到的批评越来越多，再加上漠视，上学对他们来说只能是痛苦的经历。

从来没有好好面对学习，对学习也不够了解，却又一次次被迫学习，遭受成绩的打击，这是他们的出发点，也是他们的现状。他们在很长时间里没有学习体验，也没有获得过支持。所以，我把他们看作"长期学习经验缺失综合征"群体。

 **情绪支持：**

从欢迎孩子进入学习世界开始

这种类型的孩子最需要的关系支持就是"欢迎"。有的孩子在上学前经历过很多困难，有的父母昨天还通宵吵架，有的凌晨才回家。有的高中生出去打工，暂时辍学回了家，也有少数孩子来自庇护所或集体之家。欢迎他们"来学校"，这是他们最需要的支持。在家没能受到的欢迎，在学校里得到了，孩子从中发现了上学的意义和理由。"就算为了受到这种欢迎，也应该上学。"

有时我们很难了解孩子过得怎么样，也没时间去了解。对于那些成绩、态度、卫生状态都很差的少数孩子，如果我们能够温柔以待，向他们传递出欢迎的信号，他们就会觉得非常特别。在以学习为主的学校里，连续几年都是不受欢迎的客人，有一天新来的老师说"你能来就值得感谢"，刚开始听着像是挖苦。一旦孩子确定老师发自内心，他们的心就会开始融化。欢迎、单独交谈、理解孩子对学习的陌生感、倾听他们在学习中遇到的困难，这些都会逐渐改变孩子的态度。

你想象过吗？每天长达六小时、八小时连续听自己听不懂的内容，这该有多难。如果我们能想象到这种痛苦，就会理解他们只能在上课时间睡觉，只能调皮捣蛋，甚至觉得到外面也比待在教室里舒服。这种理解会成为桥梁，帮助老师走近孩子，也让孩子走近老师。

如果以强迫和惩罚性的出勤管理让这些不爱学习的孩子坐在座位上，批评他们不懂常识，面对他们流露出失望的态度，他们只能觉得这是惩罚。对于没有真正学习体验的孩子来说，最需要的不是学习支持，而是通过情绪支持让他们爱上学习。学校和机构没能成功接近这类孩子的原因，是他们强行把缺少学习体验、对学习深恶痛绝的孩子束缚在教室里。这个过程像是强行给孩子喂苦药，等到走出教室，他们就会吐掉、漱口，随之而来的只有愤怒。结果是向老师或学校吐露更为极端的厌恶。

帮孩子成为言出必行的人

指导这些孩子的时候，老师常常遇到这样的问题，那就是孩子们经常做出保证，却几乎做不到言出必行。大部分孩子都差不多。有位老师因为某个小学六年级的孩子而来咨询。那个孩子每天都来上学，虽然经常挨批评，却还是什么都不做，该带的东西也不带。保证过几百次，又违背了几百次。老师说他现在累了，什么都做不了，因为那个孩子即使挨了批评，也是嘻嘻哈哈，丝毫不觉得羞愧，每天就是混日子。

没有动机，不会自我管理的孩子想要摆脱学习问题需要时间。这个过程需要很长时间慢慢进行。指导这些孩子的时候，最需要的就是老师的耐心，还有对孩子的信任，相信孩子一定会慢慢地改变。

孩子难免要做很多保证，如："上学早点儿来""上课时保持安静"。这时，最重要的是老师要有耐心。老师常常坚持不住，原因在于孩子说话不算数，惹得老师很生气。老师需要告诉孩子，"保证"对"我们"来说意味着什么。如果说话不算数，老师会很难过。最重要的是，尽量减少保证和发誓。只要对一两件必须做到的事情做出保证就行了，一旦做出承诺，那就要言出必行。

对这些孩子，老师要认识到这个现实，他们能来学校就已经谢天谢地了，所以要帮助他们，让他们坚持上学，同时还帮助他们对真正感兴趣的事情保持关注和兴趣。发现学生积极的一面，多加称赞，秉持开放的心态面对学生。

建立良好的关系，必不可少的是承诺。老师和学生之间关系破裂，归根结底是因为学生违背了师生之间的约定。学校规则是全体制定的约定，当然没办法突破，不过老师和学生之间的约定具有非常重要的意义，应该遵守。

对于缺乏经验的新老师，有的会以师生间有过很多承诺为荣，然而这是"错误"的。真正需要遵守的承诺，一两条就够了，做到了就表扬。这才是和行动型孩子维持关系的秘诀。形成良好关系，孩子的态度就会发生改变，认真听课，对老师希望自己完成的作业感兴趣。如果是未能形成良好关系的状态，想要管理孩子的生活并进行学习指导则很困难。师生之间形成良好关系之后再加以指导，孩子会对学习产生兴趣。经过一年的努力，孩子的学习之心开始萌芽，第二年开始，就请老师好好照料这棵嫩芽吧。

也许有人说，马上就要毕业的高三学生，学习之心刚刚萌芽，还有什么用呢？但是，和包括班主任在内的大人在良好的关系中结束高中生活，这种体验会成为孩子生命中的宝贵财富。毕业之后打工也好，参军也好，在社会生活中与他人相处的时候，自然会发挥积极的作用。

帮孩子获得学习的正面体验

那天我和一名高二年级的不良青少年交流，他说自己上学十一年，得到表扬的次数屈指可数。因为没有得到过表扬和鼓励，所以对表扬感到奇怪和尴尬。这孩子听到的大多是否定的声音，替其他孩子成为老师发泄的对象，违反规则，不学习，成了别人嘲弄的目标。

在班里，交给孩子积极的任务。从小任务开始，表扬他们身上小小的才华，那么他们就能在学习以外的活动中发挥特长，表现出兴趣。然后告诉别的孩子，他们把这些事做得很好，为班级增添了光彩。

正如诗人罗泰柱所说，"仔细看，久久地看"，这些孩子也很美。我们的问题是对表现好的孩子仔细看，久久地看；面对表现差这个群体的孩子却是越细看越觉得他们表现差，看得越久越讨厌。

如果这些缺少爱的孩子通过关系支持获得正面体验，即使没能马上埋头学习，至少会觉得上学这件事更愉快，开始积极参与班级活动，表现出变化。有了这种关系上的变化，孩子才能在内心深处挑选知识和努力这两种零食（也许永远都不能成为主食，请不要期待太高）。

 **学习支持：**

结合生活知识调动学习兴趣

　　学习支持建立在关系支持的基础之上，让孩子产生共识，明白学习是生存所必需。让孩子理解，他要做到的并不是学习好，而是学会人生必须要学的东西，懂得最低限度的道理，才能行使自己的权利。

　　语法、字母、九九乘法口诀，从基础知识开始，不是跟上本学年的课程，而是选择适合孩子状态的内容。离家出走青少年中心曾调查过这类孩子最想学的东西，孩子们认为最需要学习的是租房子和打零工，也就是当前生活所需的东西。

　　也就是说，这种类型的孩子常常更需要实质性的知识。试卷上的问题并不重要，重要的是当前用得到的知识。对这类孩子重点不是提供系统学习，而是调动孩子对学习的兴趣和好奇心，要让他们知道，懂得那些知识之后会过得更好，生活更便利。**学习当中，有益和有趣具有更高的价值。**

　　针对这些孩子进行心理调查，共同的结果就是解决问题能力低下，乃至全无。简单来说，这种情况通常是因为缺少解决问题所需要的知识。无知引发的矛盾更多，发生矛盾之后的思考领域、情绪领域可用的资源也不足，于是只能使用熟悉的方式处理。问题在于他们熟悉的方式只有暴力、威胁和贿赂之类。这样一来，他们很容易走上恶性循环的道路，最终沦为不良少年、不良青年。

制订容易实现的小目标

有的父母晚上出去工作，孩子放学后独自在家，打游戏直到深夜。孩子向老师诉苦，说自己做不到自律。老师建议孩子留在学校，和老师一起看书，孩子又不愿意。老师不知道该怎样帮助孩子，于是向我咨询。

很多不爱学习的孩子和老师关系不好，本身又容易违反规则，在家也感受到对学习的漠视。前来咨询的孩子中，竟然有很多人从来没有和爸爸、妈妈一起坐下来制订过具体的目标。

没有动机，不会调节生活的孩子，他们的父母很多都用"去学习吧""努力学习""考了第几名？"的方式与孩子交流。"去辅导班吧""成绩好就行""在学校要乖"，父母经常唠叨，却从来没有跟孩子讨论制订什么目标，怎样实现。

在这样的父母身边长大的孩子，小学时也制订过生活计划表，只不过确定了目标，却从来没有为实现目标而努力过。他们说制订过目标，我问是什么，"这次考试进入前 10 名""平均分过 80"，等等。**不了解孩子水平的情况下制订的目标，当然不是真正的目标**。"平均分 40～50 分，你必须努力""分数越高越好"，这样说也和设定目标相去甚远。

让孩子把成绩稍微提高一点儿，提出可能的目标，然后帮助孩子实现。这类孩子在学习方面没有自信，打架方面倒是很有信心。父母要为孩子提供颠覆不自信的体验，有必要提供些小机会，让孩子在学习上尝到成就感。

保持既有成绩不下降，提高几个名次即可，考试期间学习一两个小时，等等。跳出所谓的"好孩子模式"想办法，会发现很多现实目标，足以为孩子提供帮助。小小的变化其实是巨变的预告片，了解这点的老师和父母做出这样的支持，真的不太难。

从梦想出发提升学习态度

对于那些感觉不到学习必要性的孩子，应该怎样指导呢？孩子说，如果需要钱，打工就行了，为什么要学习？对于这样的问题，应该怎样回答？

上了高中，孩子常常把职业选择和学业联系起来询问。我想做的事并不需要大学毕业证，为什么非要学习呢？对于这样的孩子，我的回答是，**"不论你选择什么职业，一定有必须学习的东西"**。这样的回答或许过于保守和消极，然而无论你想成为艺人还是从事技术职业，总有行业所需的知识要学习。就算为了工作，也必须学习。

假如你想成为厨师，当然成为厨师的道路有很多种，有人没有经过特别的学习，直接经营餐厅；有人怀揣远大梦想出国留学；有的在家里把烹饪成果拍照上传到博客……深入研究某种食材，成为博主……即使选定了职业，也不代表只有一条路可走，一个职业里也有多种模式。

如果孩子说想当出租车司机，我们可以问问他想要成为什么样的出租车司机。开出租车的确不需要大学毕业证，人的一生也不是说非要上大学才行。可是同为出租车司机，教养和品位却又截然不同。外国人乘坐出租车的时候，有的司机可以流畅地与乘客对话。国外有些著名的出租车公司，选拔特殊资格的司机的时候，条件同样非常苛刻。仅仅是运输行业，就存在很多不同的层次。具体能达到哪个层次，完全取决于个人付出的努力，以及做了多少准备。

不爱学习的孩子不知道应该怎样提高成绩。学习好，或者考上父母期待的大学，这样的目标太过遥远，他们压根不敢去想。只有感觉到学习既不遥远也不困难的时候，孩子才会做出选择。

"要做的事情太多了，要付出多少努力才行啊"，需要达成的目标太大太难，反而会彻底毁灭孩子的动机。动机本来就很弱的孩子，不要给他施加太大的压力。"同时学好多门功课太难，那就先选择有能力学好的科目去努力"，帮助孩子实现。

我曾经指导过一个喜欢日本游戏机的孩子，他对学习没什么兴趣，只喜欢游戏，母亲和老师为此苦恼不已。我提议让孩子学习日语。为了玩好游戏，孩子学起了日语，前不久还通过了日语二级水平考试。他说接下来要考普通高中，独自学习数学有些吃力，主动要求我帮忙联系辅导老师。

为了自己喜欢的事而学习，这点非常重要。今后孩子会变成什么样子，我们不得而知，但是当孩子开始喜欢上学习，并且取得成功的时候，很有可能将学习范围扩大到其他领域。

提前体验未来想做的事，也不失为很好的方法。有个孩子想当话剧演员，我让他先尝试这份工作是否适合自己，去剧团做义工，兼职三个月。从剧团回来后，平时不爱学习的孩子改变了想法，说要考话剧电影系。应尽可能提供机会，让孩子亲身尝试相关的工作，听听父母、老师之外的第三者的建议。

听到从事自己期待职业的人讲述现实状况，孩子的想法会发生很大的变化。如果因为眼前的学习而不给孩子体验的机会，孩子会放大对未来职业的幻想和不切实际的想法。

我们的目标不仅在于让孩子提高成绩，而是让孩子拥有梦想，具备努力学习和生活的态度。即使这些孩子努力学习，也不一定能像学习好的父母和老师那样获得优异的成绩。但是，对于身处责难、愚蠢、不良少年的囚笼之中又被排斥于可能性之外的他们来说，还是可以帮助他们体验到可能、自信和成就，遇见崭新的自己。所以，"长期学习经验缺乏型"孩子需要来自生活的鼓励。从陌生的学习经验出发，展示出为了自己也要努力学习的姿态，这是和孩子携手进行的综合艺术活动。有时，指导这些孩子需要付出更多的耐心，当然很辛苦，不过这个过程中也有着足以让人上瘾的成就感。

03

压力疲劳型：因为被迫学习而疲惫的孩子

"学习太没意思了，学不下去。我真的学了很多，用妈妈的话说，十年了，这样那样地学习了十年。现在已经累了。"这是一名小学六年级学生的倾诉。

"学习好无聊，讨厌死了。以前我一直都听妈妈的安排，现在我受够了。我只想过得轻松。"这是一名高中一年级学生的告白。

我们家长对学习和成绩有着过分的执着，从胎教开始努力让孩子变得聪明；早期教育从三岁开始，希望孩子成为英才；早在入学之前就带孩子做各种鉴定（大部分妈妈都觉得自己恰如其分，主要是邻居们做得过分）。在上小学之前，孩子就几乎接受了全能型的课外辅导。报有五个以上辅导班的孩子比比皆是。乖巧的孩子连反抗机会都没有，跟随妈妈制订的时间表，被妈妈牵着手辗转于各个地方，只要有好老师，不惜长途跋涉。就这样结束了幼儿期和学龄前阶段，很快就走进小学校园。作业文化是日常，辅导班文化是必需。

自称有现实感的父母说，只有这样，孩子才能不落后于别人。这种情况仍在继续，还没有停下的迹象。孩子们渐渐感到疲劳和恐惧，直到有一天他们宣布再也不要学习，不论怎样劝说都不肯学习。

小学高年级之前，这些孩子的成绩大都相当不错，后来就渐渐提不上去了。

 情绪支持：

相信孩子的力量，从强迫到自律

有的家庭早早构建起了强迫性的学习文化，几乎所有的学习计划都由母亲主导。很多笑话中有所提及，社会学者通过观察家庭文化也曾这样说过，"家庭以应试为中心，母亲是总策划师，父亲是资金筹集人，其他人都是这个系统的成员，围绕应试中心，分担各自的任务"。孩子当然不可能像母亲那样认识到学习的重要性，如果哪天开始反抗，这个系统就会无可挽回地走向崩溃。从某种程度上说，这是家庭文化的重要组成部分，只是程度有所区别罢了。

这种以应试为中心的系统，其驱动原理就是强迫和压力，父母停止这样的统筹规划才是最重要的关系支持。有的父母在全面停止规划的同时也放弃了孩子，这样做的副作用是很大的。随着孩子年龄的增长，多多听取孩子的意见，相信孩子的力量，和孩子一起调节，互相尊重，通过自律做出选择和决定，这才是正确答案。孩子也会反抗，这是以前养成的习惯，想要突然变得自律还是有困难的。

　　最重要的是共鸣和安慰，以及对彼此的理解。自从踏上学习之路，连续十年都没有喘息的时间，孩子们该是多么辛苦。从这样的心情出发，加上对孩子的理解，是的，孩子想要放弃也情有可原，不妨在尊重和自律的基础上一起努力。最重要的是，紧逼孩子的父母态度一定要发生改变。

 **学习支持：**

让孩子有适当的休息

　　这样的孩子中很多曾经在学习上属于上游行列，突然有一天开始叛逆，非常固执地不肯学习，成绩大幅下滑，就这样过了好几个学期。不过，对于这些孩子来说，一旦重新开始，成绩很快就能恢复过来。

有的孩子因为学习遭受劈头盖脸的训斥，有的孩子进入某个时期后开始问自己：这究竟有什么意义，我能得到什么？非要继续这样吗？这样问过之后，他们决定停下来。尤其是青春期开始，升入高中之后，忧郁情绪逐渐潜入心灵，想到自己无法摆脱强迫与压力的循环，有的孩子会有轻生的念头。作为治疗者，这是让人心惊胆战的瞬间。真正艰难的就是听到这些孩子疲惫心声的时候。他们想要摆脱痛苦，说话的样子仿佛已经饱经沧桑。表面什么都看不出来，内心却想过无数次。当他们询问大人意见的时候，如果大人不能感同身受，孩子的痛苦会更加剧烈。

因此，慢性学习疲劳综合征的孩子最需要休息。我们几乎从来不让孩子休息。孩子固执地反抗，想要得到未曾得到也不被认可的休息。他们的心情也很不舒服。让孩子休息真的那么难吗？难道这个世界非要这样逼迫孩子才能存在下去吗？

04

缺乏目标型：乖巧听话但缺乏内驱力的孩子

有位初二学生说："让我做的事我都做了，结果却不好。我很累，可是该做的还是都要做。"

另一名高二学生这样说道：

"坐着的时间比谁都长，比谁都多，可是运气不好，成绩也提不上来，也许我天生就脑子笨吧。"

有些孩子看似在安静地学习，其实他们早已失去自信，只是做做样子而已。他们不期待自己能做成什么事，没有感兴趣的事情，也没有讨厌的东西。即使心里不喜欢，表面上也会装作无所谓、漫不经心。他们在这方面已经驾轻就熟了。这些孩子是动机水准低、看上去很踏实的"练习场杀手"。他们需要重新发现的激情，需要努力寻找"自我目标"，而不是"最高目标"，需要摆脱毫无兴致的"学习表演"的发现和反省。相比那些学业罢工的孩子和为学习所困的孩子，他们有时更艰难。因为他们要"假装在做"，以此保护自己。

<u>从成绩来看，这类孩子常常处于低迷状态。只看他们学习的样子，让人忍不住期待他们取得比现在更好的成绩，结果并不尽然。</u>

前不久，我和一名中学老师交谈，提到一个孩子的故事。这名三年级学生是个很乖巧的女孩子，外表看上去像个模范生。乐于助人，谦让，同学们对她赞不绝口。然而和人们期待的不同，她的学习成绩很差。询问她的父母，父母说做过心理检查和学习评价，什么问题都没有。孩子只是没欲望，并不想做到更好，对未来也没有梦想，只是满足于现在，健康就好。对话总是谈到这里就结束。如果要求她提高成绩，她的反应永远都是"Yes"，然而一年过去了也没有进展。看起来她也不像不学习的样子。

这名女生在时间管理和生活管理方面都没有问题，只是没有动机。指导这样不爱学习的孩子，的确存在困难。表面乖巧，也不是不努力，让做什么也不是不做，可是到达某个阶段之后就没有进展了。老师和家长感到非常郁闷。

孩子看上去"乖巧，没有欲望"，让做什么就做什么，但是绝对不会多做。这些孩子没有欲望，没有激情，没有变化，好像被淹没在人群中。他们心里并不期待自己做好某件事情。

 **情绪支持：**

催促并不会让孩子改变

至于那些生活管理方面没有大问题，只是没有动机的孩子，应该把重点放在提高学习动机上。如果叫来孩子质问或催促："你想不想学习？"这样并不会提高动机。想要改变某个人，"你要不要做？"期待立刻听到回答，这是毫无用处的。

还有就是不要说，"只要你下定决心就行，关键在于你的意志"。没有强化动机的具体措施，这就像把孩子推到悬崖边催问："你是跳下去，还是要学习？"强迫孩子做出极端的选择。这时，没有意志的孩子会选择跳下去。这样训斥或催促孩子，动机强化战略注定要失败。只有耐心细致地关注孩子的变化，目标才能慢慢实现。

有的孩子认为自己没有什么特别擅长的事，要想强化他们的动机，成功体验就显得非常重要。找到过去的出色经历，重温当时的感觉，一起寻找今后可以做好的事情。喜欢什么，有过什么成就，梦想是什么，为什么有这样的梦想，儿时有过什么梦想，为了实现梦想做过什么计划……立足于当时的感觉，加上小小的成功体验，帮助孩子一步步向前走。一点一点，让孩子体会自己出色完成某件事的喜悦。

为了获得小小的成功，首先要设定可以接近的目标。现实当中很多大人会说，"只要不是SKY[1]，别的都一样""如果不在首尔，就没必要了"，拦住了孩子们前行的努力。如果大人说，只有远大目标才有意义，那么孩子就会失去努力的斗志，停留在当前状态。设置值得挑战的适当目标非常重要，通过达到目标的成功经验寻找动机也是有意义的。大人应该帮助孩子感觉到这点。

很多小学生也因为讨厌固化的学习而失去动机。我们要帮助孩子，让他们体会到学习不是痛苦，不是忍受，而是可以开心面对的事。如果采取诱导兴趣的方式靠近，小学生要比中学生更容易获得动机，从而发现学习之乐，体会到成就感。

感觉学习困难的孩子常常体会不到学习的成就感和自信心。其实，只要在一门学科上获得成就感，孩子就会想着"我要试试别的学科"，进而扩大学习领域。因此，让孩子集中精力于感兴趣的某门学科，以获得成就感，也是一种好办法。

让孩子感受到榜样的力量

随着年级的升高，无力的孩子为学习付出的努力越少。竞争日趋激烈，自己不如别人的无力感越来越严重，从而受困于

1　首尔大学、高丽大学、延世大学的英文首字母的缩写。——译注

比较模式。我们要为青少年阶段的孩子树立榜样，帮助孩子，不让动机减弱。

最好的榜样是和孩子本人相似，或者从更艰难的情况下逐步改变，进而取得成功的人。如果榜样太出色或太理想，孩子不但没有模仿的欲望，反而会觉得那个人和自己截然不同，置之不理。

让孩子拥有梦想和长远规划，了解历史上建功立业的伟人固然重要，也有所帮助，然而为儿童和青少年树立的榜样应该有所不同。儿童阶段有必要阅读对人类做过伟大贡献的伟人故事，对于开始考虑个人前途的青少年来说，他们更关注与前途相关，或者活跃在自己感兴趣的领域的人物。兴趣领域的人们实际经历的事，会让孩子产生挑战的欲望。

独自辗转世界偏远地区的勇敢旅行家的自传，六次更换专业为前途而苦恼的某广告公司 CEO 的故事，更容易打动孩子的心。我们可以多给孩子讲讲克服困难、最后取得成功的故事。

最好的榜样也可以来自老师指导过的孩子。相似的环境、相似的成绩，通过怎样怎样的经历，现在取得了怎样的成功。如果用孩子能近距离接触的榜样为例，讲述克服困难的过程，孩子容易获取动机。不过，千万不要拿孩子和现在认识的朋友做比较。

 **学习支持：**

学习计划要围绕课题

　　碰到生活态度很好，成绩却低于期待的孩子，有必要留意他真正学习了多少。如果孩子在学校努力学习，那就要在放学后检查孩子的学习量，帮助孩子做好放学后的时间管理。

　　有的孩子不会自己学习，必须有朋友陪伴，存在依赖心理。这样的孩子在学习之前会买很多零食，坐在书桌前边吃边和朋友聊天，无法专心学习。明明在书桌前坐了两三个小时，真正的学习量却少得可怜。

　　为依赖型的孩子制订计划时不要规定时间，而是要规定具体的学习内容。作业也要规定"背会几个单词""解答几道题目"，让孩子在学习时真正付出精力。除了基础学习能力较差的孩子，其他孩子可以让他们自己编题，而不仅仅是解题。比如社会科目，如果让孩子自己编题，那么他们会更主动地投入作业。把需要完成的作业规定为学习量，不要规定学习时间。

让孩子讲解学过的内容

　　态度好并不意味着真正理解和记住上课的内容。端端正正地坐着，也可能在胡思乱想。不要因为孩子认真听讲而表扬其学习态度，而是应该问问："你学到什么了？"当孩子讲得很清楚的时候，再去表扬。

下课之后，让孩子写下当天课堂上新学的内容，也是很好的办法。坐着听课，态度很好，却没有听进去上课的内容，这样的孩子要多多提醒，让他们自己检查学到了什么。记笔记的时候，应该在笔记本上单独留出空格，概括当天学到的内容。这是帮助孩子主动听课的好方法。

改变孩子参与学校课堂的方式，也不失为很好的办法。如果孩子整节课上只听老师讲，那么被动参与的可能性就很大。我们应该思考，怎样让孩子主动参与课堂。我会在上课时留出空白，不让学生看完整的教材，而是留出空白，发给孩子，让他们边听课边填空。孩子会为了填空而专心听课。

当然，也可以让孩子一边听讲，一边在重要部分画底线或星号。重复这件事的过程中，孩子学会区分讲课内容的重要程度，也会积极地参与课堂。

对于那些逐渐变得无力的模范生，最可怕的问题是问他们是不是真的懂了。如果让他们说明学过的内容，他们会感到不知所措。他们六神无主地坐着，用无数次的空想代替学习。

这种情况不改善，这些孩子就会习惯假装，习惯不懂装懂，习惯表演学习，习惯内疚，习惯表现得可怜。我们要认真观察学生的理解程度，并且以此为基础，通过口头学习提升这些孩子的成绩。

05

缺乏自信型：过度紧张而深陷不安的孩子

一名小学生在结束考试后遗憾地说：

"我准备得很充分，可是太紧张了，没有考好。"

初三孩子也表达了遗憾：

"我做了很充分的准备，考试前在家里做题都做对了，可是到学校一考试，几乎每次都考不好，总是这样。"

高一的孩子也说过相似的话：

"现在我都没有自信了。思绪停止了。明明都会，可是稍微变化题型，我就紧张，等平静下来，时间都过去了。"

明明很努力，明明很想学好，却总是失败，常常紧张，常常不安，没有自信，一塌糊涂。常常觉得自己学习了，结果却比想象中糟糕，于是倍感沮丧。这种状态持续久了，就会想到"放弃"。自信是影响自我效能感的重要因素。不安会降低自信，导致自己的能力发挥不出来。因为种种原因，孩子不再相信自己，埋没了潜力。这种压力有多种原因。不安导致思维麻痹，随之产生的慌张、混乱令人感到狼狈。我们有必要好好思考这个问题。不安主导的学习注定成为空中楼阁。

这类孩子的成绩忽上忽下，忽高忽低。随着状态的不同，有时成绩很好，有时也会很差。

 情绪支持：

对孩子表现出足够的信任

明明努力过了，也做了充分的准备，结果还是不理想。这时，父母和老师要开的第一个关系处方就是信任。孩子不是不学习，问题出在方法、效率、信心方面。这点应该告诉孩子。对于他们来说，"结果代表一切"的观点会造成巨大的伤害。

我们要告诉孩子，不要焦虑，相信自己，继续努力，好好寻找方法，理解孩子的难过和委屈，然后提出建议。

自信的产生需要成功积累

经常有人说，"你要相信自己"。这么说当然没错，然而自信并不是喊喊口号就有的，还需要经历。自信的产生需要成功的经历，自己掌握某件事的经历，通过自我调节终于战胜自己的经历。我们需要提出建议，帮助孩子寻找好方法、智慧和要领。哪怕是小小的体验，也要让成功体验逐渐积累成为自信。到时候孩子有了信心，甚至还会产生别的影响。渐渐地，孩子会自然而然地改变。

 **学习支持：**

效率不高需要对症下药

我们需要观察缺乏自信的孩子，看看他们是基础学习能力不足，还是学习方法不对，导致效率不高；是不是只在学校里学习，别的地方不学习；是不是因为考试而过度焦虑。然后再提供适当的帮助。

有的孩子学习动机很强，成绩却不好，也许是因为存在考试焦虑。不论男生女生，都有可能出现考试焦虑。不过，女生的比重更大些。如果不是因为考试焦虑，那么我们可以细致地教孩子记笔记、默背等学习技巧，以及考试技巧。

缺乏自信的学生，最不擅长的事情之一就是确定先后顺序，甚至不会有条不紊地按计划进行考试复习。心里怀着焦虑去学习，然而不做计划，只是随意进行。

有的孩子学习时间不长，成绩却很好。**他们通常擅长时间管理，擅长做计划**。同样的时间，他们的学习效率更高，尤其是考试计划做得很好。精读教科书、默背、做习题、看资料，他们都会先挑重要的看，检查哪些没有记住，并且已经成了习惯。

有的孩子不懂学习方法，持续采用低效的方式学习。回顾学生时代，我们都或多或少见过这样的孩子。初中时代，我们班就有这样的同学，每天从早到晚坐在椅子上，不停地在练习本上抄写课本，用过的练习本比别的同学多出一倍。有一次我说，"你真了不起"，然后问了他几个问题，没想到他连基础的东西都不懂。

对于这些孩子，要教会他们学习要领。缺乏自信的孩子当中，很多人盯着书本看了很长时间，却弄不清最基本的内容。

制定考试战略，帮助孩子提高成绩

我们需要帮助缺乏自信的孩子制订考试计划，并付诸实践。孩子不擅长确定先后顺序，那么至少在考试前一个月，父母或老师要问问孩子打算怎样学习，帮孩子制订计划。

成绩在中等以下的学生，最需要"我也可以提高成绩"的经历。确定短期学习可以提高成绩的科目顺序，围绕前四门投入学习时间，后面的科目只选一门努力提高。这也是一种方法。需要注意的是，不要把全部精力投入不懂的语文、英语、数学等科目，这样就没时间去学其他科目，最后导致所有的功课成绩下降。首先提高几门科目的成绩，让孩子体验平均成绩上升的经历。这时不要延长学习时间，只要专心致志地学习一两个小时即可。

当一两门功课的成绩提高了，孩子对学习有了自信，从此以后开始主动学习。这样的例子并不少见。有个孩子以前平均分只有 40 多分，专注于一两门功课学习之后，成绩稍有提升。爸爸买了他想要的手机作为礼物，孩子很开心，决定更加努力学习。虽然后来成绩没有大幅提升，不过他也没有放弃。他意识到要想提高平均分数，就要提高以前放弃的语文、英语、数学等科目的成绩，于是主动参加辅导班，期末平均分超过了 70 分。先提高一两门功课的成绩，看到通过努力收获的成果，孩子产生自信，对怎样准备考试也有了自己的战略。

教会孩子解答考试题目的要领也很重要。每个人的学习方式都不一样，解答问题的方式也不相同。我们应该指导孩子，让他们学会从整体上把握考试时间。有的孩子拿到试卷就不管不顾地答题，有的孩子因为一道不会的题目而浪费很多时间，所以要告诉孩子合理分配时间，先解答会的题目。

不爱学习的孩子认为考试本身就是痛苦，不愿具体去想考试的事。我们要告诉孩子，只要制定应对考试的战略，仅凭现在学会的内容就足以考出更好的成绩，只要想一想怎样根据题目类型合理分配时间。

帮孩子缓解学习焦虑

一位老师分享了下面这个案例。

一名初中女生，计划的事情必须做到，学习非常努力。她似乎有种强迫症，要求自己所有考试必须取得好成绩。哪怕一次小测验，她也会紧张，然而成绩相对来说却太差了。

每次见到这个孩子，我都会感到不安，仿佛她随时都会崩溃。有一次上课提到电视剧，她说，看电视剧会导致成绩下降，老师可以负责吗？平时那么努力，科学成绩却只有40分。我让她拿来试卷看看错在哪里，发现都是些很基础的东西。

我有些担心，跟她说了几点建议，孩子似乎觉得我说那么多是为了不让她学习。学习压力太大，过分执着于结果，计划超标，实践起来很勉强。

这孩子的学习动机非常强烈，成绩却不如人意，属于典型的努力型学习问题。学习的意义不在于学习本身，而是为了展示，表现出了学习强迫症的迹象。

有人在年初计划"今年要读50本书"，到了年底发现达标有困难，于是挑选易读的书来完成数量。原本获取知识和智慧的意义消失了，只剩下要达成的目标。

前面提到的孩子也只是感觉到必须学习的压力，并不知道自己应该通过学习得到什么。简单说来，心情放松才容易记住，也容易理解。如果对学习存在压力和负担，那么学习效率反而大打折扣，从而进入恶性循环。

老师认为孩子不休息或不够专注是问题所在，于是提醒孩子"休息一会儿吧""玩一会儿吧"。这样的提醒只会让孩子感到愤怒。这样的孩子需要具体的建议，他们需要知道自己为什么成绩差，为什么效率低。

这些孩子目标较高，制订的计划通常过于理想化。对他们来说，最重要的是帮助他们调节急切的心情，寻找丢失的学习意义，教会他们学习技巧。这类孩子最大的痛苦是"焦虑"。他们按照自己的方式学习，却没有取得良好的成果，这让他们非常焦虑，然而又不知道别的方法，只能继续沿用自己的老方法。

为什么找不到学习方法？还有个原因就是想快速提高成绩的"急切心理"。仔细观察这些孩子学习的样子，他们迅速画底线、翻书，急于完成自己制订的学习计划。看似进度很快，然而理解程度很低。父母和老师需要跟孩子强调具体的理解和记忆非常重要，同时安慰孩子的进度焦虑，随时传递出"真正的理解比进度更重要"的信息，控制快速翻页的冲动。还要告诉孩子，"千里之行始于足下""不管学什么，都要学得透彻"。

想要专心学习，还需要心理上的稳定。我们应该教会孩子调节急切情绪或者自我暗示的句子，让孩子在学习之前先读一读，或者写在旁边。"玩一会儿吧""方法错了"，这样说毫无用处。"你脑子笨"之类更为糟糕，一定要慎重。

焦虑是导致失败的最大因素。失败容易引发连锁式的失败。恶性循环持续下去，最终会让孩子放弃。不过，这个群体的孩子只要稍微掌握要领、战略，以及检查过程的洞察力，那就具备了走向成功的很多条件。具体的帮助可以带来具体的成果。那些内心委屈、郁闷、痛苦的孩子，需要一个能够提供具体帮助、让他们都能具体实践的助力者。敷衍的鼓励、支持和责备只会加重焦虑。

06
期待压力型：期待过高而困于压力的孩子

"现在父母让我感觉很累，好烦。不管我做得好还是不好，他们都不开心，而且很痛苦，总是对我要求这要求那。索性我什么也不做了。"这是一名初中生的话。

我们再来听听另一名高中生是怎么说的：

"现在他们应该明白了，我就算是学习，也无法满足他们的期待。我好害怕我的父母，一旦我表现出想做什么的迹象，他们就飞奔而来。我不想被人催促，我想轻松点儿。"

父母的期待、老师的期待，尤其是过高的期待渐渐成为孩子无力承受的伤痛。最近又流行"超迷你家庭"，独生子女的压力更大了。大人的期待、整个家族的期待都需要孩子来承受。不知从什么时候开始，期待带来的压力本身成为引发孩子不良行为的因素。孩子的目标不但不符合期待，反而是对期待的毁灭，而且情况越来越严重。

这类孩子的性格多种多样。有的从小学成绩就不好，有的是到了初中某个阶段成绩下降，没再提升。不过，有的孩子成绩也很优秀。

 情绪支持：

与孩子坦诚地讨论压力

满足别人的期待或者表现出自己的能力，很多孩子在这样的压力下承受了太多的痛苦，大人有必要给予理解。与其让包括大人在内的身边人失望，还不如做出让大家对自己不抱期待的行为，孩子常常抱着这样的沮丧心理，我们也应该理解。孩子本身有自己的问题，有时父母、老师和身边的大人也存在问题。对话真的很重要。虽然很难，但是像下面四个原则基础上的对话还是要坚持进行。

· 认可孩子的压力，给予包容。
· 父母提出合理的期待，帮助孩子减轻压力。
· 接纳孩子当前的状态，鼓励孩子一点点变好。
· 明确自己的期待，不是结果，而是看到孩子竭尽全力的样子。

通过这样的对话和适度的期待，帮助孩子享受过程的愉悦，减少孩子的压力。

　　说起来容易做起来难，这个持久的系统需要相当的努力。有时，孩子还会因为期待坍塌而放弃。

　　有个说法叫"特目高[1]抑郁症"，指的是孩子为了迎合父母的期待而在初中阶段瞄准外国语高中、国际高中或科技高中，考试失败后得上的抑郁症。有的孩子考上人文高中，然后再也不肯学习，郁郁寡欢，最后来到我这里咨询。他们非常冷漠，仿佛失去了人生所有的机会，甚至说没必要继续努力了。沮丧和痛苦的深度远远超出我们的想象。那些感觉自己成了劣等生的孩子，最需要的就是确定自己的目标，重新调整自己、接纳失败，愉快而努力地去学习。古语说得好，东山再起，也许不太适合青少年阶段的孩子，不过人生总要面对现实：接纳失败，并寻找战胜失败的方法。如果这个过程进行得不是很难，那当然是万幸，不过有的孩子会因为过度忧郁而自暴自弃，只玩游戏，举动离谱，比如在试卷上只写一个答案。我遇到过好几个这样的孩子，帮助他们鼓起勇气并不容易。

1　"特目高"即韩国的特殊目的高中，指的是韩国以特定科目选拔优秀人才的人文类高中，比如科学高中、外语高中等。——译注

 **学习支持：**

适当调整学习目标

　　除了为粉碎他人的期待而过早回避学习的情况，很多孩子的学习状态还算不错，只是拒绝继续努力。有些孩子把"优秀"的标准定得很高。我们应该调整这个标准。

　　学习支持的重点是通过目标调整，一个一个实现小目标，不与其他表现好的孩子做比较。很多家长看到比自己孩子优秀的孩子，立刻会感到沮丧，干脆放弃。坚定地走自己的路是很难的。不停地拿自己的孩子和别人家的孩子做比较，这种环境可以说是巨大的毒素，对家长如此，对孩子来说更是如此。

　　鼓励孩子坚定自己的内心，鼓起勇气，即使不能充分满足身边人的期待，也要为了自己的人生而不断前进。这是最重要的学习支持。

07

行动力不足型：
学习效率低下，不会利用时间的孩子

一名初中生说：

"我要做的事情真的很多，每次都把学习放到最后。这样一来，几乎总是没有做好准备，结果也很糟糕。"

一名高中生说：

"我也想学习，可是时间不够，抓着难题不放，结果把容易的也错过了，好烦。"

每天都发誓要学习，可是没有实际行动。不论大人还是孩子，很多人都难以付诸行动。动机当然值得承认，实际上却没有为此花费时间，或者时间利用得不好。理由也是各种各样。重要的是既要保护好"应该做"的心理，又要帮助孩子"做到"。如果连这种心态也失去了，那么帮助起来就更难了。

实践困难的人都有个典型的特征，那就是拖延。他们分不清轻重缓急，计划不合理，等等。仔细观察就会发现，他们在生活中处处都有坏习惯，坏习惯比想象中更强大。如果动机没有消失，那就要帮助孩子养成终生受益的习惯，和孩子一起学习生活中的智慧。

这类孩子的成绩多半忽高忽低。因为没有养成习惯，成绩会随着状态起起伏伏。

 情绪支持：

不要批评孩子"没心思学习"

很多孩子并不是没有学习的心思。我问他们放学之后都做什么，他们说洗澡、上网、玩会儿宠物、和朋友通电话、看会儿书，就十点了。这时急急忙忙想要做什么，却感觉到困了，做什么都晚了。

现在来看，最妨碍学习的恐怕要数智能手机和电脑了。时间有限，不是用不完，这点孩子还没有真切体会。计划总是定得冠冕堂皇，事实上也只是制订了计划而已。如果批评孩子没有心思学习，孩子只会觉得失落。

有了学习的念头，受到表扬会开心，想要考上好大学，却戒不掉电脑游戏，这些孩子是典型的"实践缺乏综合征"。他们经常受到大人的批评，"你只会嘴上说，却不努力""看你那样子，就知道你的心思没放在学习上"。

指导这些有学习动机却又不会管理时间的孩子，最重要的是不要批评孩子没有动机。如果经常听别人说"你没心思学习"之类，孩子会认为自己没有学习欲望，从而放弃学习。有动机，这是很大的优点。父母和老师应该奖励孩子的强烈动机，帮助孩子学会生活管理和时间管理。

 **学习支持：**

"五分钟战略"，先做最重要的事

不仅学习，整个人生都要养成先做重要事情的习惯，这样会有很大的帮助。史蒂夫·乔布斯在斯坦福大学演讲时特别强调了时间的宝贵："不要把宝贵的时间用在别人身上，要为自己花时间。不要为现在工作，要为未来工作。"在脑海里勾勒自己的未来，养成先做重要事情的习惯，以后就不会浪费时间了。

有的孩子爱看电视，爱玩游戏，导致不能有效管理生活，这时可以教他们"五分钟战略"。有的孩子急切地想打游戏或玩耍，一刻也等不了，总是离开书桌，这种时候可以教孩子"五分钟战略"。做不太喜欢的事情或者感到无聊的事情，人会想到去做别的事情。大脑研究专家指出，这种心情持续时间不超过五分钟。

学习过程中有了打游戏或看电视的欲望，转变想法需要的时间不到五分钟，只要忍过这五分钟，诱惑也就消失了。

平时可以告诉孩子，当你想要放弃手头正在做的事情，去做其他事的时候，只要忍五分钟就行。有人说，一旦想起要做的事就无法专注手头的事，还不如先把想做的事情做完，其实不然。做完别的事情之后，反而很难再回归学习了。

"如果现在不马上玩游戏，我就无法专心学习"，因此觉得先玩游戏对学习有帮助。这种想法是不合理的。我们的大脑解除正在做的事，集中于新的工作需要时间。像电脑重启一样，大脑也需要时间预热。游戏或电视节目刺激人的感官，让人变得被动，很难再回到需要耗费很多能量的学习状态。

也有人主张，有的游戏需要动脑子，所以也要发挥主动性。游戏中解决问题只是单纯的反应，无法与需要理解、背诵和耗费精力的学习相提并论。如果网络游戏需要付出巨大的努力，那就不会有那么多人上瘾了。习惯了被动模式的大脑正在体验着快感，这时让它回到主动用脑、理解背诵、往大脑里塞新东西的系统，当然需要很长的时间。

不会生活管理的孩子，父母或老师要告诉他们，先做该做的事，再做想做的事，遇到诱惑坚持五分钟。因为一旦开始游戏，再回归学习是非常困难的。

和孩子一起制作时间管理表

只有在听到唠叨的时候，缺乏实践的孩子才会产生强烈的动机。制订计划时动机最为强烈，需要付诸实践时动机最弱。让他们制订计划，他们会制订出过于理想、过于宏伟的计划，结果常常达不到。这些孩子最需要的是管理时间的系统习惯。

小学生和初中生很难有效管理时间。尤其是不爱学习的孩子，连基本的时间管理都做不到。如果父母没有格外留意孩子的时间管理，或者放学后没有坚持从事时间管理表上的活动，他们很容易虚度时光，几乎不会形成时间概念。对于这样的孩子来说，制作时间管理活动表，和孩子一起讨论，本身就很有意义。

对于控制力不足，想要短时间内体会成就感的孩子来说，如果给他们布置任务，帮助他们学会管理时间，那么应该每次布置少量，让孩子在一两个小时之内完成某项作业比较吃力，设定三十分钟完成比较合理。"我做到了""我又做到了"，经常体会到成就感的孩子更愿意挑战下一个课题。

需要注意的是，不要对孩子抱有过高的期待。分割日常时间，有计划地加以利用，恐怕练习多年的大人也不容易做到。对从来没尝试过时间管理的孩子，不要期待他们从开始就做得完美。将制作时间管理表，当作了解孩子的契机，即使孩子没能按照计划完成，只要做到了一两件，也要表扬。

制订计划的魔力

制订计划不算什么大事，却是自我开发领域的重要议题，甚至诞生了规模庞大的咨询公司。这意味着人们在制订计划方面遇到了困难，或者无法顺利实施计划。

儿童期就要教孩子以时间为基准做事。时间是有限的，即使制订了远大的计划，也还是要立足于时间基础。根据限定时间内能够完成的工作制订计划，完成之后可以体会到成就感。这样的教育在人生当中非常重要。完美的计划只会让人一时开心，除此之外没有任何意义。让孩子按照实际能力制订计划，这才是根本。

与其拼命努力，不如计划自己能做到的事，然后努力完成。养成这样的习惯，对于行动力不足型孩子来说无异于金科玉律。

"只是嘴上说学习""只会做冠冕堂皇的计划，根本不想学习"，这样的批评我们听得太多太多了。如果批评对孩子有帮助的话，固然很好，遗憾的是没有实际的帮助。时间是有限的，我们的能力也有限。想要付出伟大的努力并不容易。制订切实可行的计划，这不仅是学习领域的问题，对于动机很强，却难以付诸行动的孩子来说，这是人生的宝贵智慧。我们要帮助孩子，让他们懂得学习不是用脑子，也不是凭心情，而是要用身体进行。小说家金薰先生曾在演讲中提到自己创作小说的方法。他说自己是用身体写小说，而不是用脑子。不仅学习是这样，任何事要付诸行动，都需要身体的辛劳。

小贴士：

20 世纪 90 年代美国的诊断：学校和社会是不
是在制造学习创伤？

美国国家辍学预防中心（National Dropout Prevention
Center）认为，美国高辍学率的社会原因是对厌学孩子的冷漠、
对低学年学习落后者的支持失败、学校教学方法问题、学校和
地方社会缺少合作，等等。这是 20 世纪 90 年代做出的诊断。

我个人非常认同这个诊断。韩国学校也是如此，对于学习
不好或者不爱学习的孩子，政策支持非常有限，甚至很失败。
激发学习兴趣的教育课程和教学方法，直到最近才被提上日
程，也有部分地区开始重视学校与地方社会的合作问题。

基于这种诊断，2000 年开始美国提出了教育代替方案，要
求提高小学教育中的学习成就以及学校适应度；扩大指导范
围，努力照顾每个学生；替代性公立学校或替代性教育过程的
应用；为了让教育成为立足于生活现场的实际教育，加强地方
社会共同体的学习，认可学生的个性和优点，开发多元智能和
个别化学习，老师的多样化教学方法和教学技术的更新；加大
地方社会对学校教育的参与、增进对地方社会学校教育的参
与等。虽然美国的诊断处方是否真正实现还是未知数，不过
美国国家辍学预防中心的诊断的确值得我们参考。孩子并没
有自残似的伤害自己，反倒是学习和学校给孩子造成了创伤，
这点要引起关注。观察学习创伤的类型如何发生，这些也都
非常重要。

第四章

提高孩子成绩的有效方法

01
找到学习困难的原因

环境比遗传更重要

一名老师找到我，跟我聊了下面的话题：

孩子的学习能力受环境和遗传的影响，哪个更大？我觉得应该重视孩子的成长过程，最终还是觉得孩子与生俱来的智商更重要。如果遗传更重要，那么对处于不同出发点的孩子能否用统一标准做评价？一个又一个疑问接踵而来。

决定学习能力的最重要因素是遗传还是环境？关于这个问题，目前大多数结论认为两者都很重要。几乎没有人认为遗传具有绝对的重要性。

遗传因素不会直接表现出来，而是与环境结合，产生结果。孩子从父母那里获得遗传基因，但是在妈妈腹中就已经受到环境的影响。根据情况的不同，遗传或环境中间会有一方呈现优势，但是遗传和环境难以分离，二者都很重要。

多动症、自闭症和智力障碍，究竟是受遗传影响还是环境影响，目前尚未有定论。智商更多受遗传影响的意见，其实不占多数。

有研究表明环境的影响更大，也有研究认为遗传因素更重要。不过较为明确的是，从前人们认为智商固定不变，现在大部分研究者都认为智商可以改变。

智商并非绝对，而是相对的，也会随着环境发生很大的变化。即使环境和遗传的影响各占一半，毕竟我们更容易改变环境，所以有必要重视环境的影响。

大学教授的家庭继续培养大学老师，可能是遗传因素的影响，然而环境因素的影响也不容忽视。某大学教授的卧室、客厅都是书房，最小的房间用作卧室，孩子常常在家里看到父母学习的样子，一天天长大。碰到不懂的地方，父母会陪他们查看百科词典。父亲以交换教授的身份去国外，一家人自然而然地接触到了外语和多元文化。在这种环境长大的孩子，很难说他只是因为遗传因素而学习好，不是吗？

让学习更好的八个神经系统

美国学者梅尔·莱文对构建问题学生支持体系做出了重要贡献，他的神经发育学习理论值得我们关注。

梅尔·莱文是专攻儿童神经学的儿科医生，他认为孩子的能力没能在神经发育的各个系统当中表现出来，所以造成了学习问题。他认为每个孩子都具有多样的学习能力和本能。家长和老师应该了解孩子的多种神经发育系统当中哪种发育得最好，以此为基础进行指导。

哈佛大学教授霍华德·加德纳在自己的多元智能理论中指出，每个人都有不同的才华，不能根据某个点来评价孰优孰劣。多元智能不按照分数做评价。霍华德·加德纳的主张很有创意，这个孩子有这样的才华，那个孩子有那样的才华，不能以统一标准评价所有的孩子。老师不仅要教授知识，还应该发现孩子具有哪方面的才华、哪样才华最为突出，并且加以培养。

梅尔·莱文将与学习有关的大脑功能分为八个神经系统进行解释。就像呼吸机可以为我们的身体提供氧气，当注意力调节系统、记忆系统、语言系统、空间排列系统、顺序排列系统、运动系统、高级思考系统、社会系统这八个神经系统共同发挥作用的时候，学习就能顺利进行。

注意力调节系统相当于脑部的前额叶，调节精神能量，管理学习内容的吸收和输出。调节意志、一贯性、睡眠觉醒、紧张等精神能量走向的注意力，在吸收学习内容时挑选其中的重要部分，对是否深入的活动需求施加影响。往小了说是接受信息，往大了说是指挥八种系统。多动症就是因为注意力调节系统不能正常发挥作用而出现的症状。注意力不够集中的情况下，无法进行自我调节。大的概念可以理解，但是会错过具体内容，或者忘记作业。

记忆系统负责储存进入大脑的内容。记忆包括短期记忆、长期记忆、主动记忆。记忆系统的作用从来都不完美。处理所有记忆、储存、调用，没有哪个人能够完美地进行全部记忆过程。同样，也没有哪个人完全没有记忆力，什么都记不住。

语言系统也是很重要的神经系统。要想学习，必须经过语言关。"学习"就是把语言传达的具体内容转化为抽象内容，将理解的语言编为使用的语言。随着学年的增长，孩子使用的语言结构变得复杂，也是这个缘故。梅尔·莱文说，进入初中和高中，孩子就能理解主语不一定出现在句子的最前面，句子不一定按顺序使用，一个名词可能成为两个段落的主语。语言功能发达了，阅读、理解、书写方面也会发生变化。

时间系统和空间系统也很重要。时间指的是顺序。时间系统发育不好，做什么事情都慢，无法完整做好一件事。难以同时完成两件以上的事情，无法遵守时间。

空间系统不发达的人，分不清左右，找不到东西，画线画不直，记不住电话号码，内衣常常穿反，插钥匙插不准，无法进行正确的空间排列。

运动系统可以看作肌肉问题。运动本身只是肌肉动作，真正对每块肌肉下达命令的器官却是大脑。除了运动系统，另外七个系统同时运转，向外输出内容的时候，大部分都与说话、唱歌、写字等运动有关。运动系统是诊断输入大脑的内容如何处理又如何输出的重要因素。反过来说，各种动作也会促进记忆。通过活跃的动作，记忆力和学习能力可以得到提升。

高级思考系统是进行"元思考"的神经系统，与解决问题的能力密切相关，同时关系到需要理解的重要概念和规则、创造性或批判性思维、问题的解决。

最后，社会性思考系统有助于观察友情的形成过程，以及人与人之间的力量怎样发挥作用。孩子即使其他神经系统发达，学习能力很强，如果社会思考系统发育不够，在同学中间不受欢迎，也会降低学习欲望。

八个神经系统能否合作，能否正常履行职责，这会导致孩子的学习能力出现不同。有的孩子记忆系统正常工作，可是高级思考系统的合作能力太低，所以学习成绩不理想。有的孩子缺乏社交能力，从而失去学习欲望。

哪个神经系统发育得更好，决定了学习能力的不同。我们可以利用简单的问卷调查或者检测工具测定神经发育系统，看看孩子的哪个部分更为发达。

02
强化学习动机的沟通方法

　　这是发生在今天课堂上的事情。我讲解方程式概念，解答例题。讲完之后换了数字，让一个学生解答。学生在黑板前吭哧吭哧，站了很长时间。我着急了，"刚刚听完讲解，现在连这个都做不出来吗？"这句话在口中打转，最后我强忍住了。幸好我忍住没说。如果当时脱口而出，孩子肯定会面红耳赤吧？

——摘自教师日记

如果孩子学习不好，应该算作谁的责任？大多数人认为，当然是孩子的责任。**其实不爱学习的责任在于老师、父母和孩子三方。**

有人把不爱学习归罪于孩子，通过教训孩子的方式处理问题。其实，孩子不爱学习的状态没有进展，这是大人的责任，不是因为孩子脑子笨或懒惰，而是孩子在学习上遇到困难或受了创伤，成绩才上不去。如果大人这样思考问题，那就会以积极的态度去解决问题。

这种思维差异会在面对孩子时的语气和行动中表露出来。不爱学习不只是孩子的责任，还是我们所有人的责任，这样想就不会训斥孩子，而是会鼓励孩子，引导孩子和自己对话。对话里承载的思想不同，孩子的学习动机也会随之加强或削弱。

你是不是讨厌学习？ → 你觉得哪里难？我们一起想办法。

开放式提问，孩子才愿意表达

"你是不是讨厌学习？"这种问题非常极端，然而在日常生活中，这样的对话却时常发生。被问到这种问题的孩子非但不会产生学习的念头，反而会很纠结，我到底应不应该学习。面对这种问题，孩子很可能做出否定的反应，"是的，我讨厌学习"。

只能用"是的""不是"回答的是封闭式问题，考虑对方的心情，引导对方做出较长的回答，这才是开放型问题。积极引导动机和变化的人，会提出开放型问题，问对方具体需要什么。

"你现在觉得哪里有困难？"这是想要提供帮助的对话方法。只有这样，孩子才会去思考自己哪里不明白。被问到这种开放型问题的时候，孩子可能回答，"计算、集合这部分我明白，可是到了统计、概率这节，真的很难"。这时就可以进入下一阶段，"啊，原来是这样，那我们一起想办法吧"。

"你感觉哪个单元比较难？"这样提问，孩子才不会进入是否应该学习这种极端的思考方式，专注于此刻我遇到的困难是什么，从而寻求具体的帮助。

不要问："你现在觉得学习没意思吗？"而是问："你能说说你是从哪个时间点开始减少兴趣的吗？"这样孩子就有了可说的话题，比如"概念我能理解，可是遇到实际问题不会做"。这样我们就可以找到孩子需要帮助的核心是什么。

不写作业是想挨骂吗？ → 发生什么事了吗？

避免指责，引导孩子分析原因

老师布置完作业，孩子们回答"好"，结果却有很多孩子都没做。对于这样的孩子，老师应该说些什么呢？

不同的语气会有不同的效果，不过像"为什么没做作业？"这类话却带有攻击性。因为里面包含了"你没写作业，就该挨骂"的意思。如果想让孩子思考自己没完成作业的原因，那就应该问："发生什么事了吗？""什么妨碍了你？"那么孩子可能回答，"妈妈让我去市场""突然有事了"。对于没做作业的孩子，目的不是训斥，而是引导他思考为什么没有完成。

引导孩子多说话，这是儿童和青少年咨询的铁律。如果是需要回答"是或不是"的问题，孩子就无话可说了。对于忘带课本的孩子，不能责怪似的问："你为什么没有带？"而是问："什么时候忘记的？""怎么忘了？"不要问孩子："你是不是想挨骂？"这样只会让孩子恐惧，而是帮助孩子思考为什么忘记。如果孩子感觉羞耻，即使表面说对不起，内心也会抵抗。

你连这个都做不到吗？ → 这个有点儿难是吧？

理解孩子，避免言语刺激

"你连这个都做不到吗？"这种话也会给对方带来致命的创伤。配偶也好，上级也好，我们每个人都或多或少地听过这句话，它会让人感到无比羞耻。孩子难过的时候，家长或老师嘲笑孩子，"你连这个都做不到吗？"对于努力的孩子来说，这种话一定会带来伤痛。"这个有点儿难是吧？觉得哪里难？"家长或老师应该像这样认真提问。

有的孩子因为解决不了问题而难过，"你不会动动脑子吗？你脑子短路了吗？"这类话也是致命的。"用别的方法思考一下，怎么样？""换个方法试一试呢？"最好以这种帮助孩子的方式处理。如果孩子在某个地方反复失败，也许是沉浸其中没能想到其他方法，这时不要嘲笑孩子，而是说"换个方法试试"，帮助孩子反思自己的观点和方法。

老师做出示范之后，再出几道题目让孩子解答，可是孩子扭着身体不想做，这时候应该怎么说。

"已经开始不耐烦了吗？"这样的话不是鼓励，只是让人难以回答。心里的确很烦，可是对老师应该说不烦才对。"这样反复做是不是有点儿无聊？"揣测孩子的心思，引导孩子思考究竟是哪里遇到了困难。

对于态度不好的孩子，如果问："你为什么不努力学习？你到底要不要努力？"这是鼓励，还是威胁呢？这时可以对孩子说，"老师在想，怎样才能让你做得更好"。

"不会做吗？""脑子不转吗？"使用这些在心理上具有深远意义的话语刺激孩子，会对孩子的人格带来致命的伤害。尤其是当着同学的面被老师当众批评，孩子就会对老师产生敌对心理。

这样的话语只会让孩子越来越疏远学习。尤其是因为不爱学习而痛苦的孩子聚在一起，被人问"你不想做吗？"绝对不是鼓励和帮助。"还没准备好吗？"这样鼓励孩子，让孩子试着分析自己的问题，才是合理的做法。我们要想一想，自己是不是习惯了说那些让孩子感到狼狈和羞耻的话。

你真棒！ → 告诉我你成功的秘诀。

表扬也要引导孩子思考成功的经验

需要表扬孩子的时候，不要只表扬成功，更要引导孩子思考成功的秘诀。

"你是怎么做到专心致志两小时的？"如果这样问，孩子会回答："我喜欢画画。""原来你喜欢画画啊"，孩子听了这话会很开心。平时经常因为懒散、贪玩而挨批评的孩子，听到别人说自己"努力做有意义的事"，那么对自己的认识都会发生改变。

孩子要想学习好，需要进行"元思考"(meta-thinking)。"你的足球踢得真好。你是怎样做到的？告诉我秘诀"，这样引导孩子思考秘诀，和"授人以鱼不如授人以渔"有异曲同工之处。重要的不是成功的结果，而是说出成功秘诀。

不论成功还是失败，当我们让孩子思考秘诀或原因的时候，如果孩子具有成功和失败两方面的经验，那么应该考虑孩子的心理感受，让他先说成功秘诀。

学习是靠兴趣吗？ → 学习很有趣！

激发孩子的兴趣和好奇心

有的老师讨厌趣味教学。"学习是靠兴趣吗？"他们常常这样贬损趣味的价值。如果没有趣味，很难改变孩子。不懂幽默的老师常常恐吓孩子，"上课说话要受罚"。

我这样说并不是让老师必须幽默。所谓趣味课堂，指的是能够持续激发孩子兴趣和好奇心的课堂。有能力的老师，他们的课堂也很有趣。幽默与严肃相互交织，哄堂大笑之后再回归思考。要想让课堂抓住孩子的心，趣味必不可少。

小贴士：

不要伤害孩子的自尊

情况 A

五岁孩子在饭店里弄洒了水。孩子吓坏了，不知所措，妈妈大声嚷嚷："笨蛋，妈妈说什么了，在饭店里要小心。"

情况 B

五岁孩子在饭店里弄洒了水。孩子吓坏了，不知所措，妈妈说："没关系，衣服没湿吧？失误是在所难免的。"

情况 A 中的孩子在惊慌失措的情况下又遭到妈妈的训斥，没有机会缓冲受到的打击，也没有时间内疚或补偿，所有的情况都由妈妈处理。情况 B 中的孩子放下心来，认为失误在所难免，同时会感到内疚。不分青红皂白的训斥只会剥夺孩子的判断力。

情况 C

见多识广、富有激情的老师 A 对学生 B 在课堂上提问感到不耐烦。学生 B 在表达自我意见方面具有出众的能力。学生 B 提问的时候，老师 A 无法容忍，对其进行批评，寻找缺点，令学生 B 感到混乱。学生 B 逐渐对表达意见失去信心，开始同意老师 A 的意见。

这种情况下会有什么样的结果？老师 A 因为自己懂得多，借着教书育人的名分削弱了学生 B 的能力。学生 B 失去自信，成为依赖老师的学生。

孩子犯错，或者做出令父母和老师不满意的行为时，应该给孩子时间，让孩子分享自己的感受和想法，在互动中寻求改变的契机。如果不管不顾地批评训斥，孩子反而会朝着背离期待的方向发展。经常被父母和老师训斥的孩子，长大后感觉不到愧疚，觉得自己会受到惩罚或残忍的对待，因为小时候没有机会感受愧疚。大人的无心之举最终带给孩子精神的疲惫。精神分析师克里斯托弗·博拉斯（Christopher Bollas）把这种剥夺孩子能力的行为称作"精神盗取"。

03
让学习变有趣的学习方法

　　今天数学课没有做题，而是上了厨艺课。很多孩子讨厌数学，所以我准备了这次课，想让孩子们感受数学和生活的关系是多么密切。我定了规则，要求孩子们在两小时之内完成购买材料、制作、品尝等全部过程，孩子们努力计算着时间工作。看到他们努力计算去校门口的超市、烹饪和品尝所需时间的样子，我知道自己为准备这节课付出的精力没有白费。还有什么好的方法能帮助孩子亲近学习吗？

　　　　　　　　　　　　　　　——摘自教师的日记

最近孩子突然变得活泼，家人外出的时候，也跟着一起出门了。以前孩子从来不会主动说要做什么。前不久我说想去旅行，孩子说，"我和妈妈制订旅行计划，爸爸负责预算"。从这学期开始，老师对我的孩子格外关注，这点让我非常感激，只是我没想到孩子会发生这么大的变化。平时总是胆怯、没有斗志的孩子，新学期换了新的班主任之后，脸上总是洋溢着光彩。孩子发生了变化，我们家的气氛也变得和谐，充满活力。学校里发生了什么事情呢？

——摘自父母的日记

在游戏中学习

对于那些学习动机明显削弱，又不熟悉学习文化的孩子，我们能做的是什么呢？**最重要的就是"关系"，因为关系优先于一切事务。**

"如果没有有意义的关系，那就没有有意义的学习。"不爱学习的孩子聚在一起，想让他们马上确定目标，弥补学习的不足，结果很容易失败。对于这些孩子而言，首先要做的不是布置任务，而是陪他们玩耍。在玩耍过程中培养和孩子的关系，进而激发孩子的兴趣。

关系建立好了，接下来要做的就是发现孩子的优点。这些孩子以前听惯了批评和负面评价，如果能帮助他们发现自己的优点，那将具有重大的意义。

"你喜欢的科目是什么？""你擅长做什么？"不要具体问哪个项目，而是灵活运用各种形式。比如玩棋类游戏、猜谜游戏、抢答、做动作猜单词等，通过这些游戏找到孩子擅长的领域。也可以让孩子来设计谜语，或者阅读知识类漫画，利用报纸学习，观察孩子喜欢以什么方式玩耍。

课堂上进行丰富多彩的活动，有助于老师发现孩子喜欢的风格。和孩子一起学习的时候，最好选择能让孩子大范围参与进来的课题。过去的"一刀切式""填鸭式"教学不能激发孩子的兴趣。老师可以设定主题，要求学生在有限时间里完成任务。体验学习也不错。如果有条件，可以让那些对科学没有兴趣的孩子访问科学馆，亲自看一看，摸一摸，体验科学的乐趣。

另外，还可以用上学习卡和单词卡等教具。教具发挥着催化剂和引领者的作用，帮助孩子对学习产生兴趣。丰富的卡片可以成为很好的教具。我曾让孩子把需要背诵的诗歌做成卡片，还有与诗歌相关的联想卡片、关键词卡片，从诗歌欣赏到回答问题，用了两周时间复习。

历史学习也可以采用卡片形式。对于接受起承转合式认知结构有困难的孩子，可以战略性地采用以事件为单位和以故事为单位的学习方法，最有代表性的就是制作历史卡片。学习历史、社会、世界史等科目的时候，让孩子阅读相关书籍，挑选二十个重要场面做成卡片，然后互相分享，编故事，提问题。

也许会有些矛盾，不爱学习的孩子感觉最难的就是教科书。很多教师说，不习惯教科书的孩子需要"关于教科书的教科书"。那么，我们可以开发辅助教材和各种教具，帮助孩子理解教科书的内容。

为了让生活和学习更加结构化，在自我提升领域，很多人会推荐写日志这个方法。**"不做记录，就不会记住"**，写日志最重要的是帮助孩子确定目标，制订计划，管理时间。

所谓目标，根据孩子们的学习水平不同而有所区别，不过针对不爱学习的孩子最好树立短期目标。如果给他们制订长期目标，他们会感觉那个目标不属于自己。

确定目标之后，再和孩子一起制订具体的生活计划表或学习计划表。也许不经常制订计划表的孩子一开始会不知道怎样做。对于这样的孩子，可以先让他们记录下一天中每个小时里都做了些什么，先从学会观察自己的生活开始。

考试计划要尽可能早地制订。没有计划的孩子，眼前有什么书就看什么书。家长应该要帮助孩子尽早做好考试计划，战略性地学习，提高成绩。

制订考试计划的时候，是以语文、数学、英语为中心，还是专注于需要背诵的科目，先少量提高分数，这点要和孩子商量。在家长和老师的指导下提高成绩的体验，对于维持孩子的学习动机至关重要。

有孩子来咨询的时候，我会问他们对语文、数学、英语有没有胜算。如果没有，我就让他们多复习需要背诵的科目，先提高平均分数。这时一定要确定具体目标，平均分提高多少。如果孩子把目标定得过高，我们要帮他们调节。

理解和背诵哪个更重要，一直存在争议。对于学习不太好的孩子来说，首先需要的是背诵。理解需要在掌握多种材料后对资料进行再加工的过程，而孩子如果连资料本身都没掌握，在指导特定科目快速提高成绩的时候，可以先从背诵开始。

循序渐进培养阅读兴趣

很多学习不好的孩子，通常对阅读和书写不太熟悉。这些孩子更习惯看电视、视频等"看的东西"。受过阅读训练的孩子和其他孩子的阅读方式有所不同。如果孩子不会系统思考，不会捕捉概念，即使读同样的内容，也只是浅尝辄止。经过阅读训练的群体和未经过训练的群体之间，在理解和接受信息方面存在着相当大的差异。

如果是和阅读技巧不足的孩子一起学习，最好从孩子容易接近的"看"开始。连阅读都不会的孩子，突然要求他们"写"，孩子会感到很困惑。平时可以多准备教育频道的高质量影像。如果有为了课程而制作的视频，那就先看过再上课。

从看着学开始，下一阶段可以使用孩子熟悉的漫画。如果让孩子阅读只有文字的历史书，他们会因为不懂阅读要领而无法弄清年代、因果关系，以及藏在历史中的内涵，常常只能记住几个事件。

有的孩子无法理解事件和空间概念，记忆以插图或实践为主，那么学习漫画可以成为他们培养读书习惯的桥梁。首先写下通过视频或学习漫画学到的新知识，再去看教科书，理解起来就容易多了。我们可以按照艺术类图书、教科书的顺序指导孩子阅读，此外也可以尝试其他接近教科书的方法。

"自由写作"让孩子爱上作文

为了提高阅读能力，最常见的方法就是寻找"六何原则"[1]，也有区分起承转合、寻找主题语等方法。如果孩子没有阅读战略，上来就让他们寻找主题语会有难度。从相对简单的寻找六何开始，到区分起承转合，再到寻找主题语，可以按这个顺序进行。

习惯以看的方式学习的孩子，如果让他们直接进入书写阶段，那对他们来说太难了。很多大人都觉得写作很难。看和读具有挥发性，瞬间就过去了，而习作会留下记录，成为可以展示给他人的结果。如果孩子在意他人的眼光，尤其害怕写作。

阅读进展不顺利，写作也会困难。擅长阅读的人会在脑海里整理出要写的内容，从而延伸到写作。有的学者认为写作最重要，因为写出来的才是成果；有的学者认为写作和阅读有着深切关联，阅读才是第一位。后者认为沟通最重要，应该放在

1　通常指新闻报道中需要遵循的基本原则，包含"WHAT、WHERE、WHEN、WHO、WHY、HOW"等六个要素，也叫"5W1H原则"。——译注

首要位置的应该是说出想法的表达。总而言之，人们认为在语言的多个领域中最难的就是写作。

我看过一篇报道，某大学新生在选修课上被要求写一篇人文学的文章，结果他的写作只能达到网络聊天的水平，于是到处找资料剪贴，四分之三的内容都引用，真令人唏嘘。这种不符合大学教育水平的写作让人感慨不已，可见写作对成人来说也很困难。

那么，怎样才能帮助我们的孩子摆脱写作恐惧呢？弗雷内教育学提倡自由写作。所谓自由写作，就是不考虑语法、拼写和结构，名副其实地"自由"写作。在别人看来，像是懂写作的人所做的写作游戏。

通过不受语法、拼写限制的写作，让孩子体会到毫无压力的写作乐趣。开始不要让孩子写得太长，只要简单而迅速地写下此时此刻的感受和想法就可以了。自由写作的技巧无穷无尽，最常用的是接力写作。给几个孩子分一张纸，每人写一句话。再把孩子们的话一句一句地集合起来，就是一篇有趣的文章。

看见什么直接写下来，或者用填空的方式，比如从"我是××"开始，让孩子做补充，或者用教室里的物品做谜底，尽可能用最难猜的方式写出来，或者写写自己的随身用品，也会很有意思。

确定物品之后，让几个人写出它的特点，然后在此基础上制作出简单的电影或剧本。给不在身边的爸爸妈妈、叔叔阿姨等远方的人写信也不错。因为对方一般不会看到，所以孩子的压力会小些。

通过反复进行自由写作，孩子逐渐对写作产生兴趣，想要继续写下去，那就可以让他们尝试制作班报。单纯的写作和集合多个孩子的文章做成报纸，这是不同层次的体验。很多人读到自己写的文章，自信心会得到提升。至于班报，最好在上了很长时间写作课之后开始制作。

学习数学要从生活中找关联

数学和科学要比别的科目更难。如果只是让不爱学习的孩子做题，不会提高成绩。孩子不理解概念，感觉不到学习的必要性，怎样才能让他们对数学和科学产生兴趣呢？

弗雷内教育将部分数学称为"生活数学"，从生活所需的数学概念开始学习。时间、重量、速度、宽度、温度单位等，观察生活中怎样使用数学，让孩子感受数学的重要性。弗雷内的生活数学课用数字表示烹饪进行的全过程。通过烹饪课程可以学习到各种计量单位，尤其是重量和时间概念。

看棒球比赛也可以学数学。我认识的一个孩子非常喜欢棒球，谁打出几个本垒打，谁打出的安打最精彩，每位选手的击球率是百分之多少，他了解得一清二楚。我问他怎么计算击球率，同时教他乘法和除法。很快，他就熟练掌握了以前感觉吃力的乘除法和分数概念。

语文、社会和历史等科目需要通过语言接触，而数学使用的是符号。有的孩子不擅长用符号思考，学起数学和科学这两门科目来可能就会困难。加号、减号、数字、根号、概率等符号层出不穷。符号是某种概念的象征，没有进行过理解符号训练的孩子会感到困难。我们要让孩子知道，符号和单位在生活中经常用到，一定要熟练运用。

科学教育可以使用报纸进行。为什么下雨、为什么发生海啸、日食和月食的原因、这些现象意味着什么，通过报纸介绍的现象来学习科学，孩子会更感兴趣。

平时读书多的孩子，在校外已经学到了很多科学常识，比起习惯用漫画和图画学习的孩子来，他们掌握的知识要多得多。主动获得的知识和被动学来的知识是不同的。所谓主动获得的知识，指的是孩子没有下决心学习，只是在读书或听父母讲故事的过程中自然而然获得的。

在良好的文化环境中长大的孩子，在学校学习就已经获得了知识，打下了牢固的基本常识的基础，而学习不好的孩子在常识方面却很薄弱。常识丰富的孩子，可以运用在读书、和父母交谈中得到的丰富知识提升学习水准，而没有常识的孩子，仅凭老师讲的话做材料，试图在脑子里形成连接，当然很困难。除了教科书，孩子还应该充分利用报纸或学习漫画等多种形式。

有的老师发现中学生看漫画，就会要求收起来。其实，这些形式对不爱学习的孩子来说很有必要。老师完全可以积极使用视频或漫画等工具，把数学、科学与生活联系起来讲给孩子听，让概念扎根在孩子的脑海之中。

小贴士：

父母和老师需要记住的心灵语句

犯错是我们的朋友。

失败是学习的机会。

重要的不是失败的结果，而是让孩子找到失败的原因。

即使错了也不要批评，而是让孩子寻找出错的原因。

重视过程，而不是结果。

让孩子对自己的选择做出说明。

让孩子对自己的方法做出说明。

告诉孩子，你很感兴趣。

告诉孩子，你很好奇。

04
快速提高成绩的学习技巧

阅读训练

记忆活动包括体验和阅读。如果你学会了骑自行车，哪怕很长时间不骑，下次也还是会骑，这就是身体的体验留在了大脑的记忆里。但是，骑自行车这样的体验不会以具体的内容储存在大脑里。

所谓学习，最重要的基本活动就是通过阅读往我们的大脑里输入信息，而阅读相当于用眼睛看和理解的全部工作。换句话说，**一切学习的中心就是阅读。**

阅读通常分为三个阶段：浏览、注视、集中。小学一年级就可以开始尝试分析式阅读。分析式阅读的基本方法就是在一定时间内阅读，找出"六何"。大人没什么困难，不过对孩子来说，尤其是学习不太好的孩子，寻找"六何"并不像想得那么容易。如果孩子不是在重视六何原则的环境中长大，那就更是难上加难。

读完之后，让孩子回答自己记住了什么，这也是训练分析式阅读的好办法。不规定特别的形式，在孩子随意阅读之后要问："有没有什么疑惑？"启发孩子思考读过的内容。学习不好的孩子不适应回顾的过程，通常是让读就读，读完的内容胡乱堆积。家长和老师需要刻意让他们回顾读过的内容，进行分析。

学习不好的孩子通常没有阅读的框架。即使读同样的书，他们也只看整体事件，不会做出"何人、何时、何地、怎么样"之类的分析。如果在孩子读完讲述历史事件的书之后提问："讲了什么故事？"他们通常只会回答"战争故事"。如果追问详细内容，他们会说"不太清楚"。

分析式阅读训练需要立足于孩子的水准。失败的最大原因，就是家长或老师不考虑孩子的能力，单方面确定需要寻找的内容。要求孩子寻找 10 处，而孩子通常只能找到 3~4 处。究竟是找 5 处，还是 10 处，需要视孩子的情况做决定。当孩子还不明白的时候，如果老师先失去耐心，"你都看什么了？"或者说"找到 3 处以下的留下，都找到的可以下课"，孩子会失去学习的欲望。

孩子熟悉之后，那就可以教阅读技巧了。**这时要让孩子练习最常用的 S（search）—Q（question）—F（find）—R（reflection）。**这种方式按照搜索或阅读、提问、查找相关信息、回顾的顺序进行，再经过一定量的阅读积累，那就可以帮助孩子构建起阅读框架，包括寻找小主题、概括、复习。

没有经过阅读训练的孩子，翻开书就直接阅读。面对这些孩子，首先要教给他们阅读的技巧。掌握阅读技巧之后，孩子拿过书来先整体浏览，看看小标题，然后才开始阅读。这时可以用固定的颜色做标记，比如人名用黄色、地名用蓝色、对话用橙色。尤其是历史，年份、人物、事件名称都用不同颜色做标记，复习的时候可以分类记忆。制作卡片或者自己出题，都有助于提高阅读能力。

笔记方法

写的练习中，对于学习成绩不理想的孩子，首先应该重视的是"记笔记"，而不是写作文。不爱学习的孩子大多不记笔记。不记录意味着上课并没有专心听讲，就算下课忘记了，也不知道自己忘了什么。一定要给孩子强调："**不记笔记就没有记忆。**"

怎样整理才能记住呢？做笔记有没有要领？经常学习的人，大都有自己特有的记录方法，复习时知道核心在哪里。我们不可能记住学过的全部内容，但是要想办法记下重要部分，形成长期记忆。

分辨重要与否的能力也是大脑的重要功能之一。大脑分为左脑和右脑。日常生活中，右脑负责区分哪些事情重要，哪些事情不重要，而在学习方面，则由左脑负责分辨。

左脑负责寻找关键词。学过一段时间后，留在记忆里的就只剩下关键词了。如果准确记住了这个关键词，那么将来搜索记忆的时候，很容易唤醒相关的琐碎记忆。将全部记忆穿成一体的钥匙就是关键词。

每个人都有属于自己的记忆技巧。主创脑基础教学学习理论的康奈尔（J.D.Connell）尤其强调关键词的重要性。为不喜欢记录的孩子提供笔记本，让他们记下关键词。有的孩子不会写字，有的孩子因为写字难看而受到批评，有的孩子讨厌握笔，不过至少要让他们把关键词写下来。如果连这个也不记录，那么学过的内容真的是左耳进右耳出了。

至少要把当天学过的主题或关键词写下来，背下来。老师可以介绍适合自己课程的笔记要领。我在中学时期的一位老师，每个学期开始的时候都让我们先在笔记本上画好线。最左边写关键词，按照小单元、上课内容的顺序进行整理，右上角写关键句或附加内容。

时间管理

管理时间的习惯在生活中具有非常重要的意义。管理时间意味着制订目标和计划，付诸实践，有人甚至将其命名为"时间理财"，强调了超出好习惯之上的含义。人生有无目标和计划，这是根本性的重要问题。

我们要让孩子认识到自己在多大程度上感受到时间管理的重要性，自己又是如何利用时间的。把一天分为小时进行分析，回顾一天时光是怎样度过的，这样的经历本身就非常宝贵。"我一天睡 6 小时，没有读书时间，看电视 2 小时"，或者用比率确认生活模式，了解自己怎样利用时间。

如果已经了解到自己属于哪种类型，怎样消费时间，了解自己的特点，然后就可以确定目标了。按照长期目标、短期目标，一周目标、一天目标的顺序细分，确定时间管理先后顺序，制订时间计划表。

确定先后顺序的时候，先安排自己想做的容易的事，还是先做不想做的事呢？如果是学习能力出色的孩子，最好先做不想做或难度较大的事，想做的容易的放到后面。

相反，如果是学习能力较弱的孩子，上来就做难题或不想做的事，很容易放弃，所以最好先做简单的事，提高动机。先制订容易执行的计划表，让孩子体会到成就感，逐渐把时间集中于困难的事情。等孩子在某种程度上学会了时间管理，那就可以让孩子做不想做的事情了，不要拖延。

制订计划表要考虑孩子的特点，这点很重要。还不习惯时间管理的孩子要以时间为中心，熟练的孩子以任务为中心。时间表要具体，计划表是否执行得好，关键要看怎样解决问题，而不是判断结果。

帮助孩子做计划表，让孩子熟悉时间的感觉，家长和孩子共同探讨达成计划的秘诀，家长可以在这个过程中自然而然地提到学习计划。

学习模式

接下来最需要的是关于思考的思考，也就是关于学习的学习。除了时间管理，孩子最重要的是了解自己什么时候、怎样学习效果最好。了解自己的学习模式，可以更有效地学习。

麦克亚瑟（Bernice McCarthy）根据学习方式把学习者分为"希腊型学习者"和"希伯来型学习者"。希腊型学习者更关注"为什么"，重点是理解原因，而希伯来型学习者更重视"怎样做"。如果你问"为什么不学习"，有的孩子会回答，"我不知道为什么要学习"，而有的孩子则会回答，"我不知道该怎么学"。

面对提问"我应该怎么做"的孩子，老师可以充当教练的角色；对于问"接下来我该做什么？"的孩子，老师应该成为信息提供者。创新型学者最偏好的学习者是问"为什么？"的孩子，对于这些孩子来说，赋予学习动机最为重要。

"什么有助于实现这个目标？"如果孩子是提出这类复杂问题的活力学习者，那么老师关注即可。这是最近经常被提及的自我主导型学习者，爱提问，课前主动学习，还会促使老师学习。活力型学习者自己也能认真学习，通常不会进入学习不好的群体。

孩子都有想学习的本能，然而每个人喜欢的学习方式有所不同。根据环境不同，有的孩子在家里可以学习，在学校却不行。有的孩子能把数学和科学理论记得很清楚，却背不下韩国史和世界史等科目。有的孩子按照时间顺序学习记得较快，而有的孩子更适合按照主题学习。有的孩子会受老师的影响，有的孩子看到什么背什么，有的学过之后因为不确定自己的理解是否正确而不安。

按照信息习得方式，学习者可以分为归纳型学习者和演绎型学习者，或者参与型学习者和反省型学习者。根据知识习得过程又可以分为阶段习得学习者和爆发型学习者。

当然，这些都是不同的方式而已，无法争论谁对谁错，最重要的是知道哪种方式适合自己，哪种方式不适合。如果按照时间顺序记得很清楚，按照主题却记不住，那么应该思考为什么会这样，怎样才能顺利记下来。制订计划的时候，容易记住的投入时间少些，更多的时间用来做不容易做到的事。

学习的时候，可以用视觉来表现用脑过程，比如"记忆盒子（memory box）"或"记忆银行（memory bank）"。"怎样学习，你的记忆箱子容易打开？""每天往记忆银行里储存，积少成多，这样更好，想要一下子存很多太难了"，像亲眼看见似的加以解释，孩子们可以很具体地看清自己的努力。

记忆战略

人的记忆大致可分为短期记忆和长期记忆。短期记忆包括含义记忆和插图记忆，负责二者的大脑部位各不相同。长期记忆根据内容可以分为两类，可以用语言表达的明示记忆和很难立刻用语言表达的暗示记忆。学习中使用最多的是明示记忆，可以分为插图记忆和工作记忆。

有人学过什么就原封不动地背下来，有人需要通过与故事或事件相关的情绪、用语来默记学过的内容。主要使用含义记忆还是插图记忆，结果也会不同。

短时间内记住，用于工作的记忆叫作工作记忆。工作记忆相当于帮助学习的工具，学不会民族舞或体操的孩子，通常不擅长与行动相关的工作记忆。工作记忆行不通时，那就无法应用当天学过的内容。工作记忆与注意力、专注力相关，其他记忆大多与海马体、杏仁体有关，而工作记忆和短期记忆却更多地与额叶有关。

要想把短期记忆变成长期记忆，必须经过某项工程。记忆中最重要的就是时间法则。记忆深受时间的影响，如果没有回想（remind），就不可能记住（record）。

一个行动带给身体变化的时间最短为三周。要想改掉某个习惯，我们常说的"紧贴身体"的三周是个关卡。戒烟戒酒也是如此。为了改变孩子的行为而做什么的话，时间应该以三周为基准。简单的习惯持续三周，那么距离达成目标也就不远了。

不管听了多么印象深刻的课，如果三天之内不复习，都不会留在脑海里。通过努力学习，某个信息进入大脑，需要72小时才能形成长期记忆。读过的书放回书架，很久以后再拿出来的时候，会感觉书里的内容像新的一样。即使读过的书，如果没有重新翻看，书的内容也不会形成长期记忆。

指导学习不好的孩子，一定要让他们在上课之后复习学过的内容。如果孩子没有复习的习惯，就要在讲新课之前留出复习时间。如果不复习，当天学过的内容只能停留在俗称左耳进右耳出的自动记忆程度。

在学习中，所有的记忆都很重要。自动记忆就像短暂记忆电话号码，很快就会忘记，属于短期记忆。深入脑海的长期记忆必须付出能量才能存储。您一定有过这样的经历吧？反复在笔记本上写或者盯着看很久，同时还要思考怎样才能形成长期记忆，长期记忆需要付出努力。

大部分人只是自己没有意识到，其实每个人都有各自的记忆战略。激活记忆战略的只有复习。我之所以强调即使不预习也要认真复习，原因就在这里。还有一点，复习可以让孩子认清自己最难记住的是哪部分。至于复习方法，我推荐写错题本。整理错题的过程中，孩子可以自己领悟薄弱环节、学习方法和秘诀等。

记忆方法多种多样，比如思维导图、关键词学习、图表等。使用最多的思维导图，我们的大脑可以储存大量信息，从而在脑子里画出无数条相互连接的路线图。学习范围较大时主要使用图表方法，从大目录到小目录，判断出哪个部分重要，然后背诵。

图像记忆（mentel picture）是储存瞬间记忆的方式。我们可以把老师的笔记或核心概念整理成图片，像拍照似的记在脑子里。这是适合简答题的记忆方式。

填充歌词的韵律法、缩略记忆的略语法、联系有意义的内容的链接法，另外还有出题法、身体记忆法、寻找位置记忆法等等，多种多样。

老师向孩子介绍上述的记忆战略，让孩子寻找适合自己的方法。不爱学习的孩子使用韵律法、略语法或形象法背诵会觉得轻松很多，而且更有兴趣。

学习治疗讲师在解释记忆战略的时候，经常引用下面的句子：

Tell me.（说出来。）→ I forget.（我忘了。）

Show me.（给我看。）→ I remember.（我记住了。）

Involve me.（我也要试试。）→ I understand.（我明白了。）

与其解释，不如展示给孩子看，这样印象会更深刻；而如果让孩子直接参与，更可以记住 80% 的内容。根据学习方式的不同，有的孩子更擅长听觉记忆，有的孩子习惯亲身实践。有的孩子通过听录音学英语，有的通过看视频或者和原语民对话来学习，效果更好。有的孩子在练习本上写下要背的内容，有的喜欢大声朗读背诵。

加德纳主张，对于各种学习类型的孩子来说，老师不应该充当教育的角色，而是帮助孩子寻找合适的学习方式的设计师。学习多元智能教育法，开发出运用视觉、听觉、触觉等身体感官的教育法，才能掌握让学习变有趣的方法。

专注力

假设有一张整理得干干净净的书桌，我们坐在书桌前，首先应该做什么？要在某个地方学习 2 ~ 3 小时，首先要做的不是马上开始学习，而是看看时间表，想想接下来的时间应该怎么度过。**盲目学习是学习问题的典型特征**。要提高学习效率，最好每次都先确认目标和计划，然后正式开始学习。

至于是长时间专注一个科目好，还是分散时间学习多个科目更好，这个问题因人而异。如果是学习模式不容易改变的孩子，每天学习三四个科目会有困难，最好持续学习一个科目。学习有困难的孩子，应该先强化自己的学习方式，适应之后再慢慢改变自己，适应多样的环境。这样做效果最好。

长时间保持错误的姿势学习，有时会导致大脑缺氧。每过一个小时要停下来休息，同时减少周围的妨碍。心生杂念或无法集中的时候，可以使用各种专注法，借以调整心态。如果能给自己找到收拢分散想法的专注法，那将会有很多帮助。

很多孩子非要听着音乐才能专心学习。对于这样的说法，父母和老师有必要慎重。电影的背景音乐能够提升电影的完成度，有助于观众的投入，然而对于学习的孩子来说，音乐是否像电影音乐那样有帮助，还有待于进一步研究。也许在进行相对被动的默背时，听音乐有助于提高专注力，不过在需要深度理解的情况下，大脑的很多系统同时发生作用，音乐反而成了妨碍。

小贴士：

先说"累了吧？"

先说"累了吧"。

不要说"有什么累的？"

不要说"不是只有你一个人累"。

要说"啊，原来是这样。"

不要说"这像话吗？"

不要说"就算这样，然后呢？"

不要说"这是你的问题"。

不要说"你就不能做得更好吗？"

要说"没关系"。

再问一问，再听一听。

然后对孩子说，"好，我有点儿理解了"。

如果说全部都理解，似乎有些勉强。

小小的理解，也能成为巨大的安慰。

生活可以在那里重新绽放。

不要说，"你这样做有情可原，但是""万一"。

既然已经这样了，那就听孩子说完。

还有一点，

"谢谢你告诉我，真的很感谢"。

"感谢你，谢谢你，真好。"

我们彼此都会过得更好，

也会靠得更近。

也许还能感觉到小小的幸福。

让你的孩子能快乐学习

孩子很累，很痛苦，没有人倾听，也没有人帮忙，甚至到处都是训斥自己的人。孩子什么都不想学，只是在不安和强迫中继续着学习生活。

据说韩国小学和初中的数学和科学水平处于全世界前列。2012 年冬季，国际教育成就度评价协会公布的结果，韩国的数学和科学水平高居第一名，然而兴趣和自信却是最后一名。这意味着什么？

生活在压力中的孩子们

最近发布的大量统计数据可以让我们看清孩子们的处境。

疾病管理总部在线上调查 2012 年青少年健康状态，结果显示，青少年感受到压力的比率是 41.9%，比成人高出 13.2%；抑郁感也高达 30.5%，比成人高出 17.3%。

体会过抑郁感或想过自杀的学生，吸烟率和饮酒量都很高，是其他学生的两倍。睡眠不足，无法缓解疲劳的比率也是其他学生的 1.5 倍。

2012 年，统计厅和女性家庭部针对青少年的调查结果显示，15～24 岁的青少年当中，69.6% 的人回答说在生活各方面都承受了压力。如果年龄层缩小到初中生和高中生，也就是 15～19 岁，那么学校生活和日常生活各方面感受到压力的比率高达 7 成。

即使考虑到测定方式和时期不同导致的结果差别，感受到压力和抑郁倾向的孩子如此之多，10 人当中就有 2 人经历过自杀，这个事实还是令人震惊。我甚至觉得，孩子们能在这种情况下坚持下来就已经很了不起了。孩子们的生活贫瘠而艰难。

高压之下，孩子们的情绪和行为问题也很严重。教育科学技术部调查过 2009 年到 2011 年间的学生精神健康状态，900 多名学生中有 13.5% 表现出了多动症、抑郁症、品格障碍等临床疾病迹象。

孩子们表面上都在正常上学，然而积极参与课堂活动和老师指导的学生比过去有所减少。面对这些现象，最有必要关注的是学校里有很多孩子正在承受高度压力和情绪疾病的困扰。普通学生暂且不说，就连校园霸凌的施害者和受害者也同样生活在这样的现实之中。

起不到照顾功能的家庭

孩子痛苦，却没有什么共同体能够提供关爱。没有谁来为孩子缓解情绪，负责孩子的安宁。

首先是负责照顾孩子的家庭未能发挥应有的功能。双职工家庭越来越多，如果利用白天时间进行家长教育，半数家长会感觉有压力。放学后独自在家里的儿童超过 97 万名，其中一半左右独自在家时间超过 3 小时。

家庭规模变小，2010 年平均每户家庭人数 2.69 名，独生子女家庭明显增多。不仅规模，家人之间的纽带意识也变弱了。去年女性家庭部发表的家庭实况调查结果显示，只有 23.4% 的孩子认为祖父母是家人，相对于 2005 年的 63.8% 大幅减少。对于现在的孩子来说，家庭范围非常狭窄，纽带感也相当薄弱。

家人之间的交流时间也不多。在家里和父母交谈时间超过一个小时的孩子不到调查对象的一半。"完全不和子女对话"的父亲占 6.8%，母亲占 2.5%；对话时间不到 30 分钟的父亲占 42%，母亲占 20%。

纽带感薄弱的小家庭里，孩子最孤独。他们没能和父母结下亲密的关系，辗转于学校和辅导班之间，自己遇到的问题未能在家庭内部解决，只能寻找另外的路。家庭无力发挥照顾功能，只能将压力转嫁给学校。如果连学校也不能发挥照顾孩子的作用，孩子就很难过上安全的生活。

不读书的社会

在现实中，负责照顾痛苦又孤独的孩子的是网络、智能手机等新媒体。

根据 2011 年女性家庭部的调查，97.8% 的孩子每天上网一次以上，使用 SNS 的比率超过 90%。在这种情况下，网瘾发生率当然不可能减少。

10～19 岁青少年的网瘾发生率是 10.4%。他们随时登录青少年禁止的游戏、赌博网站、成人网站。在这个过程中，孩子们的情绪变得颓废，还有很多副作用。

孩子们的生活被网络占领，这种情况之下很难获得稳定的情绪。那么，在网络媒体的使用率呈爆炸性增长的时候，我们社会的读书人口又增长了多少呢？

很不幸，2012 年每三名成年人当中就有一名没读过一本书。成年人为什么会这样？成年人也是提到读书就头疼吗，还是没有时间读书？在自发性读书潮流消失的今天，还有可能出现新文化和伟大的发现吗？

孩子们也学着成人的样子不读书了。2011 年，根据统计厅在京畿道进行的调查结果，13 岁以上青少年一年读书量不到一本。在如此重视学习的父母身边成长起来的孩子却是这个样子。除了练习册，手里没有拿过别的东西，孩子们好像被强制奴役似的学习。他们受伤，他们承受痛苦。

倒数第一也要加油、喝彩

"学习创伤"，这个说法来自我在咨询室遇到的差生，包括学校成绩排在下游的孩子。这些孩子通常认为自己一无是处。

无论表现出来，还是藏在内心深处，这些心怀学习创伤的孩子都在孤独中徘徊。我们的社会只为第一名叫好，没有人向他们伸出温暖的手。

最后一名马拉松选手需要在没有欢呼的情况下奔跑。他们独自克服孤独和痛苦，努力跑完全程。朴婉绪老师为他们写下了《为最后一名喝彩》。

看到很多孩子放弃跑完全程，我真的好心痛。没有人喝彩的孤独比赛，他们带着痛苦结束赛程。踩着伤痛重新站起来是他们自己的责任，然而周围的成年人不应该为他们送去热烈的欢呼和助威，帮助他们在失败中成长吗？这是我写本书的动机。

希望所有的孩子都能勇敢地与自己作战，拥有这种宝贵的经历。让我们为这些努力完成赛程的孩子喝彩吧，帮助他们长大成人，帮助他们成长为能够为自己的人生负责的主体。不要因为比较、竞争、分数而歧视孩子，摧毁孩子。

即使我们的孩子现在心怀学习创伤，讨厌学习，我们也有义务帮助他们，引导他们，让他们克服困难，引领自己的人生走向精彩的未来。这是成年人为孩子提供帮助的道路。

> 胜利并不是因为推开他人，自己爬到高处才有价值，才令人兴奋。胜利的价值在于必须超越自己的界限才能到达。只要在与自己的斗争中取得胜利，谁都是冠军。在这个斗争中取胜的人都知道。那时的胜利会让人相信，人生中的一切不可能都会变成可能。

这是艾丽萨·李为《安东的夏天》所写的书评里的句子，也是我在写作这本书的过程中一直想说给我们的孩子，一直萦绕在我心头的话。

（全文完）

这样做孩子就会爱学习

作者 _ [韩] 金铉洙　　译者 _ 薛舟、徐丽红

产品经理 _ 秦思　　装帧设计 _ 山葵栗　　产品总监 _ 陈亮

技术编辑 _ 丁占旭　　执行印制 _ 梁拥军　　出品人 _ 曹俊然

营销团队 _ 杨喆　　物料设计 _ 山葵栗

果麦
www.guomai.cn

以 微 小 的 力 量 推 动 文 明

图书在版编目（CIP）数据

这样做孩子就会爱学习 / （韩）金铉洙著；薛舟，
徐丽红译 . -- 成都：四川文艺出版社，2023.6
ISBN 978-7-5411-6636-5

Ⅰ．①这… Ⅱ．①金… ②薛… ③徐… Ⅲ．①儿童心
理学—学习心理学—研究 Ⅳ．① G442

中国国家版本馆 CIP 数据核字 (2023) 第 064807 号

著作权合同登记号 图进字：21-2023-80 号

ZHEYANG ZUO HAIZI JIU HUI AI XUEXI

这样做孩子就会爱学习

［韩］金铉洙 著　薛舟 徐丽红 译

出 品 人　谭清洁
责任编辑　叶竹君
装帧设计　山葵栗
责任校对　段　敏
出版发行　四川文艺出版社（成都市锦江区三色路 238 号）
网　　址　www.scwys.com
电　　话　021-64386496（发行部）　028-86361781（编辑部）
印　　刷　北京世纪恒宇印刷有限公司
成品尺寸　145mm×210mm
开　　本　32 开
印　　张　6
字　　数　114 千
版　　次　2023 年 6 月第一版
印　　次　2023 年 6 月第一次印刷
印　　数　1 — 7, 000
书　　号　ISBN 978-7-5411-6636-5
定　　价　45.00 元